Plus JAMAIS VICTIMES !

SURVIVAL

nouvelle méthode de défense au féminin

Isabelle Alonso
Isabelle Mergault
Martial Vout

Plus JAMAIS VICTIMES !

nouvelle méthode de défense au féminin

Michel LAFON

Ce livre s'adresse en premier lieu aux femmes mais tous les principes et applications qu'il décrit concernent également les hommes.
Il n'y a pas une méthode de combat particulière pour les femmes et une autre pour les hommes.
Les femmes sont les égales des hommes au combat.

Dans le domaine de la défense, nous entendons beaucoup trop d'aberrations et la plus grave est que les femmes seraient moins capables de se défendre, qu'« elles ne peuvent faire grand-chose contre un homme... » Foutaises !
Ce livre est dédié à toutes celles qui sont déterminées à ne pas subir et tout particulièrement,

à Valérie,
à Céline.

Préface

Il y a les jours normaux, et puis ceux où il se passe quelque chose de particulier. Un jeudi du mois de septembre, en fin d'après-midi, je rentrai dans ma loge. Nous venions d'enregistrer l'émission de télévision de Laurent Ruquier. Décompression, petite coupe, rigolade, on se détend. Dans le couloir, un jeune homme m'attend. Il est déjà venu me parler d'un projet qui lui tient vraiment à cœur. Ça se voit. Quand il en parle, il est concentré, attentif, un brin tendu. Comme si l'atmosphère générale de déconnade ne l'atteignait pas. Il a écrit un livre. Il voudrait que j'en fasse la préface. Il s'appelle Martial Vout, il est suisse, il a fait le voyage à Paris rien que pour me demander ça. Je connais son projet. J'ai lu le livre. Le moins qu'on puisse dire est qu'il m'a fait forte impression. Il y dit des choses que je n'avais jamais entendues avant. Dans ma loge, y a du monde. Ça bruisse, ça chuchote, ça se marre. Y a Isabelle Mergault, qui raconte des mistoufles, comme d'habitude. Il y a les jeunes fille assistantes de l'émission, fraîches et jolies, qui nous couvent comme des petites mamans, attentives et rigolardes. Il y a des copines, habituées de l'enregistrement. Et Martial parle de ce qu'il a écrit. Et il se fait un silence, elles écoutent toutes. L'énergie calme de Martial se pose sur la petite assemblée. Sa sérénité est contagieuse. L'ambiance bascule. Elles ne perdent pas une miette de ce qu'il dit. Elles entendent des choses importantes, qui leur parlent. Des instants comme celui-là sont rares. Comme une parenthèse. Un moment où quelque chose change votre perception du monde. Rien que ça. Dans la loge, l'air a changé de consistance.

Il y en a une qui réagit : « Mais ce que tu dis, faudrait l'enseigner à l'école ! » Une autre : « Tu peux me prêter ton manuscrit ? » Ça leur fait le même effet qu'à moi. Et puis il y a Mergault. Pour ceux qui n'auraient pas repéré le phénomène, Mergault est un cocktail de spontanéité, de générosité et de vivacité d'esprit. C'est ma copine. Je lui ai parlé du livre, déjà. C'est pas le genre à tergiverser. Droit au but, c'est sa devise ! Elle déclare : « Si Isabelle écrit la préface, je pose pour les photos ! » Et voilà.

Martial Vout a vingt-sept ans. Il est suisse. Il est garde du corps. Ne visualisez pas un hercule bas de plafond, bâti comme un frigo, protubérant du menton et handicapé de la comprenette, vous n'y seriez pas du tout. Il est plutôt petit, fin, sec. Calme. Son assurance physique, il ne la doit pas à des pectoraux boursouflés, mais à la pratique de l'autodéfense et de la protection des autres. Ce n'est pas tout. Dans son entourage, des filles ont été agressées. Il s'est senti solidaire. Il s'est identifié à elles. Il a compris leur souffrance. Et il a cherché comment les aider, elles et toutes les autres. Le résultat, c'est le livre que vous avez entre les mains. Merci Martial.

I. A.

Avant-propos

SAUVER SA PEAU

par Isabelle Alonso

La Terre est bleue, ça se voit sur les photos. Et bleu, c'est la couleur des garçons. Partout sur notre planète, les hommes imposent leur loi aux femmes. Et ne me racontez pas des histoires d'amazones, ça m'a l'air frelaté du point de vue historique. Des nanas qui se coupent un sein pour tirer à l'arc, c'est aussi réaliste que de se sectionner les joyeuses pour faire du vélo ! La domination masculine, y a pas d'échappatoire. C'est tellement universel que ça a l'air naturel. Comme tombé du ciel. Alors disons-le tout net : c'est pas naturel, c'est culturel. Nuance. Ça ne coule pas de source. Ça s'apprend. Ça s'impose et ça doit se maintenir. C'est d'abord dans les esprits, par un conditionnement extrêmement précoce, que s'installe la différence de statut social entre les hommes et les femmes. Ils apprennent à dominer, elles apprennent à se soumettre. De gré ou de force. L'histoire des femmes est indissociable de la violence exercée sur elles pour maintenir l'ordre social tel que nous le connaissons.

Quand un groupe en domine un autre, il trouve toujours des arguments, et ils sont rarement à son désavantage, tant qu'à faire ! Aux yeux du dominant, les dominés sont moins intelligents, moins bons, moins cultivés, moins tout. C'est comme ça que pendant des siècles, les filles ont été considérées comme un accident de la nature, à mi-chemin entre l'homme et la bête. Parce que nous étions vaincues, on nous a convaincues que nous étions faibles, mal foutues, stupides et que, donc, nous méritions notre triste sort.

Chez nous, en Europe occidentale, pendant longtemps et il n'y a pas si longtemps, les filles n'apprenaient ni à lire ni à écrire. Pas la peine. Ça a fini par faire désordre. Petit à petit, des brèches se sont ouvertes dans le système. Les filles ont eu une chance de démontrer que leur intelligence n'a rien à envier à celle des garçons. À l'époque, ça n'allait pas de soi. D'autant plus qu'on a longtemps estimé que l'intelligence féminine impliquait la laideur, et n'était donc pas souhaitable. On s'étonne encore très souvent qu'une belle fille puisse être munie d'un QI supérieur à celui d'une huître perlière, et les gazettes ont insisté lourdement, quand elle a été élue, sur le fait que Miss France 2002 a atteint la fac de droit malgré ses parfaites mensurations. Sharon Stone, superstar surdouée et gaulée comme une déesse a coutume de dire qu'à Hollywood, avoir un vagin ET un cerveau est considéré comme incompatible. Malgré la lourdeur de ces résistances, il se trouve aujourd'hui peu de théoriciens de la supériorité intellectuelle masculine.

En ce qui concerne la supériorité physique, en revanche, les choses sont différentes. Non seulement la supériorité physique masculine apparaît comme une réalité incontestable, mais son affirmation systématique est un élément constitutif de l'identité masculine. Être un homme, c'est bien sûr faire ces choses que les hommes sont fiers de faire avec leur zizi : pipi debout et bander du bout. Décliner pissance et puissance (!). Ça mange pas de pain. Qu'ils pissent debout, on s'en fout. Qu'ils bandent, ça nous arrange. Mais c'est d'abord et avant tout le fait d'être physiquement plus fort qu'une femme qui les structure dans leur virilité. Vous me direz tout ça est très relatif. Une Allemande peut être plus costaude (notez que j'emploie le mot costaud au féminin, ce qui est plutôt rare dans la littérature...) qu'un Vietnamien, mais ça ne fait rien : l'important c'est qu'une Allemande est en général moins forte que son frère et que le plus rikiki des Vietnamiens est sûrement plus baraqué que sa copine. Et c'est là que ça commence à zoner. Le glissement de la supériorité musculaire vers la justification de la supériorité tout court est aussi automatique qu'évident : la domination masculine, c'est biscote les biscotos... Vous pouvez toujours arguer que d'autres systèmes de domination, comme l'apartheid ou l'esclavage, ont été imposés à des gens qui ne présentaient aucune infériorité musculaire, la cause est entendue : une réalité physique sert de clef de voûte à la suprématie de nos amis les musclés. Ce n'est pas d'une logique à toute épreuve, car alors ce serait Schwarzenegger, Stallone, Mike Tyson ou même King Kong qui serait à la Maison Blanche, mais ça permet à n'importe quel mâle de l'espèce humaine de se sentir supérieur à quelqu'un, c'est toujours ça de gagné.

Une fille affronte très tôt sa supposée infériorité physique. Et surtout ses énormes conséquences. Parfois dès l'enfance, et toujours à l'adolescence, une fille est mise devant l'obligation de s'incliner : elle fait partie des faibles. Pourtant, on sait très bien que la faiblesse des femmes est toute relative. Les femmes ont certes moins de puissance musculaire. Mais elles ont plus de résistance physique. Elles ont donc une plus grande espérance de vie. Excusez du peu : huit ans, soit un dixième de leur existence, de plus que les hommes. Les femmes résistent mieux aux conditions extrêmes, comme les très basses ou très hautes températures. Elles résistent mieux aux périodes de disette, fréquentes dans l'histoire de l'humanité. Elles résistent mieux à certaines maladies. C'est une forme différente mais incontestable de force physique. Mais curieusement, ces caractéristiques ne sont jamais présentées en termes de supériorité, ce qui serait réconfortant pour les femmes. Plus faibles ici, plus fortes là, chacun son truc... Quand on aborde ce sujet, ce qui est rare, on en parle plutôt comme d'un curieux concours de circonstances, jamais comme d'un avantage naturel. Ainsi les hommes se croient plus forts qu'ils ne sont, et les femmes se perçoivent comme plus faibles qu'elles ne sont.

Si vous en avez un jour l'occasion (le contraire serait étonnant), observez les chahuts adolescents, par exemple l'été au bord d'une piscine. C'est très instructif. Entre hurlements et rires, les garçons se mettent souvent à plusieurs pour attraper une fille, la tenir par les bras et les jambes, la balancer dans l'eau, lui faire boire la tasse… Jusqu'à ce qu'ils décident d'arrêter. En dehors du fait de permettre des attouchements éventuellement bienvenus à cet âge exploratoire, il s'agit aussi de faire passer un message non verbalisé que les filles reçoivent cinq sur cinq… Ils sont forts, ils sont plus forts, ce n'est même pas la peine d'essayer de se rebeller. À cette pression physique les filles n'opposent pas ou peu de résistance. Non seulement ce serait peine perdue, et entraînerait une séance supplémentaire, mais elles passeraient aussi sec pour des coincées, pas drôles, des filles qui n'aiment pas s'amuser. Alors elles crient, se débattent sans conviction, hurlent (les garçons adorent faire hurler les filles…). Elles font ce qu'on attend d'elles. Ce qui leur vaut l'approbation de leurs compagnons de jeux. Elles n'ont pas vraiment le choix. Elles apprennent ainsi sinon à se soumettre du moins à faire semblant… Sous des dehors bon enfant, le terrain est marqué, les garçons sont confortés, les filles matées. Et c'est cette inscription du côté des forts ou des faibles qui construit leur identité sexuelle.

Mine de rien, cette intimidation permanente (cour d'école, terrain de sport, etc.) fait son effet. Une fille a tendance à s'avouer vaincue dès le début d'un affrontement physique avec un représentant du sexe convexe. Vous me direz que la vie n'est pas un match de boxe et que la civilisation résout le problème à la base : les gens bien élevés n'en viennent jamais aux mains. Sauf que non. C'est pas comme ça que ça se passe. La violence masculine n'est pas un mythe. C'est une redoutable réalité. D'autant plus redoutable qu'on ne fait rien contre. Elle n'a même pas de nom. On ne la mesure pas. Nous ne disposons pas de statistiques sexuées qui mesureraient qui fait quoi à qui. Ça ferait désordre. Alors ça continue à pleuvoir, à la maison, dehors, en famille, en couple, en vacances, au boulot. Gifles, coups, viols, incestes, mutilations, assassinats, c'est tous les jours. Ici, aujourd'hui. Toute une culture de l'agression, via les idées toutes faites, la pornographie, la littérature, la pub et le cinéma, déculpabilise à l'avance les agresseurs et épouvante les victimes potentielles, c'est-à-dire nous toutes. Que fait l'État ? Rien. Que le nombre de cambriolages augmente et c'est toute la presse qui titre sur la recrudescence de l'insécurité. Mais que des centaines de femmes soient agressées chaque jour n'attire pas particulièrement l'attention. De temps en temps, un crime plus horrible que les autres déclenche une émotion particulière. Dans ce cas, on parle volontiers du coupable comme d'un malade. Mais quand il y a tant de « malades », ça devient une pathologie sociale. La réponse, évidemment, c'est toute la société qui doit l'apporter. Et elle ne peut être que politique.

En attendant, on fait quoi ? On explique à son agresseur qu'il n'est qu'un minable agent du patriarcat triomphant et qu'il sera jugé par l'Histoire ? On se laisse faire ? Non. On se défend. Martial Vout a écrit une phrase qui, quand je l'ai lue, m'a pétrifiée. Elle m'a court-circuité le bulbe, si vous voyez ce que je veux dire. Non ? Vous voyez pas ? Alors disons que cette phrase m'a fait comprendre quelque chose que j'ignorais : « Une femme a autant de capacités qu'un homme à défendre son intégrité physique. » Je n'y avais jamais pensé. Martial nous dit que quand on est menacé de mort, quand on craint pour sa vie, et les femmes qui ont déjà été agressées savent très bien ce que ça veut dire, on a toujours les moyens de se défendre.

Pour vous en convaincre, regardez les animaux. Avez-vous déjà observé le comportement d'un chat (quatre kilos au meilleur de sa forme) qui se sent agressé ? D'abord il cherche à fuir, et à éviter la confrontation. Si ce n'est pas possible, il se défend, toutes griffes dehors, menaçant et furieux. Il y met toute son énergie, son énergie VITALE. Celle dont dispose tout être vivant. Et ça fait peur. Et c'est efficace.

Martial dit aussi qu'un nez humain est fait de cartilage et que ce cartilage est fragile et sensible. Même si c'est celui d'un colosse. Et si on le lui écrabouille, ça lui fait aussi mal qu'à n'importe qui. Et ça le neutralise. Au moins temporairement. C'est faisable sans être une athlète, sans pratiquer les arts martiaux pendant des années. Juste en apprenant le geste qui permet de sauver sa peau.

Appel à la violence, que le discours de Martial ? Non, certainement pas. Appel à la défense. L'auto-défense. La préservation de ce que l'on a de plus précieux : sa vie, soi-même. Quand il est impossible de fuir. Quand il faut tout jeter dans la bataille. Martial nous donne une leçon. Une leçon de confiance en soi. La force est dans la tête avant d'être dans les muscles. Une leçon de survie. Une leçon de vie.

AVERTISSEMENT

On m'avait demandé d'être plus nuancé, moins dur et moins extrémiste pour ne pas effrayer les lectrices.
J'ai refusé : si je vous ménageais afin de ne pas trop vous effrayer, je sais que vous seriez, en cas d'attaque, dépassées par la violence de votre agresseur. Je sais que vous ne parviendriez pas à « l'agresser à votre tour » dans les cas où la fuite n'est pas possible et où la dissuasion verbale n'a pas eu d'effet sur lui.
Je ne veux faire aucune concession à la rudesse de certains de mes propos et de mon style car je connais la dure réalité d'une véritable agression. Si je me modérais, ce livre deviendrait alors un énième livre de self-defence traditionnelle et sportive comme il y en a déjà des dizaines. Si vous désirez ménager votre sensibilité (et non votre intégrité en cas d'agression), allez au rayon sport de votre librairie…

La compréhension et l'acceptation de la violence contenue dans les pages qui suivent sont les bases de votre préparation à la violence bien réelle d'une véritable agression.

« Mon meilleur entraînement ?
M'asseoir la nuit dans mon village et observer
les combats de fouines. »

Alain Seletto

1 Faiblesses féminines, les idées reçues

Les hommes ne sont absolument pas plus forts que les femmes. Le plus fort au combat est la personne la plus déterminée à ne pas subir, celle qui refuse à tout prix et ne se résigne pas, même seule face à plusieurs agresseurs. Celle qui connaît les coups véritablement efficaces et qui accepte la nécessité de devoir blesser son agresseur lorsqu'il n'y a pas d'autre choix.
En situation de légitime défense, appliquer les coups réalistes que vous apprendrez plus loin ne demande pas de la force mais de la détermination.

LE POIDS DU CORPS ET LA FORCE MUSCULAIRE NE JOUENT AUCUN RÔLE LORSQUE L'ON A COMPRIS LES PRINCIPES DU COMBAT RÉEL. LA SEULE VÉRITABLE DIFFICULTÉ EST D'OSER BLESSER SON AGRESSEUR.

Dans notre éducation nous avons appris à ne pas faire de mal, à être « gentils » avec les autres... plus particulièrement encore les femmes : jouer à la guerre est un « jeu de garçons », on donne aux filles des poupées... Mais le plus grave est qu'il est dit depuis toujours que les femmes sont moins fortes que les hommes.
Cette idiotie est répétée depuis la nuit des temps car 99 % des gens ne savent pas se battre, ils font une sorte de lutte. Une lutte uniquement musculaire pour laquelle les hommes sont avantagés car ils possèdent en général 20 % de masse musculaire de plus que les femmes pour le même poids de corps. Ils sont également, en règle générale, plus lourds que les femmes.

LE SURVIVAL

Le Survival est un terme général regroupant les coups réalistes et très durs qui sauvent lors d'une confrontation réelle.

LES MEILLEURS COUPS DE SURVIVAL CONSTITUENT LA MÉTHODE HUMAINE ORIGINELLE DE DÉFENSE, LA MÉTHODE DE COMBAT HUMAINE NATURELLE.

Un coup de poing au visage, un coup de pied dans le ventre, une clé de bras (voir lexique), etc., ne sont pas des coups de Survival car ils ne sont neuf fois sur dix pas définitifs, l'agresseur pouvant revenir à la charge.

Lorsqu'on est agressé on ne peut se permettre de donner des coups « propres » qui ne blessent pas ou pas suffisamment l'(les) agresseur(s). Surtout s'ils sont plusieurs : donner un coup de poing au premier, ce qui le fait reculer un instant, s'occuper du second pendant que le premier revient à la charge et vous frappe dans le dos... On ne peut pas s'en sortir !
Non! Le premier, je lui fais très mal et il crie si fort que le second ne se risque même pas à m'attaquer et, s'il le fait, au moins n'ai-je pas à craindre le retour du premier.
Le Survival ne demande pas de condition physique particulière (endurance, souplesse, jeunesse) car ce n'est pas un sport. Le Survival est composé de coups et applications faciles à exécuter et non de techniques. Il se pratique à tous les âges.
Le Survival, c'est neutraliser l'agresseur en lui infligeant une douleur extrême : attaquer principalement les oreilles, les yeux, les parties génitales et les os (péroné, tibia, genou) de l'agresseur.

Vous seriez vous-même surprise de constater ce dont vous êtes capable lorsque vous avez décidé de ne pas subir votre agresseur. Lorsque vous êtes véritablement déterminée à ne pas subir, votre agresseur devient une collection de cibles. Vous n'avez plus aucune considération pour lui. Certains coups que vous vous sentiez incapable de donner deviennent possibles.
Certaines de mes élèves, en début de cours, me disent : « Non, je ne pourrais pas lui arracher l'oreille, ça blesse trop ! » Je réponds à ces élèves qu'évidemment certains coups paraissent extrêmes mais qu'il faut accepter le fait de devoir les donner lorsque vous sentez que votre agresseur a l'intention de vous blesser, de vous violer et/ou de vous tuer.
Dans la deuxième partie du cours, lors des simulations d'agres-

sion durant lesquelles les élèves se retrouvent seules face à des instructeurs « agresseurs » casqués et protégés sur tout le corps, ces mêmes élèves n'hésitent pas à donner ces coups. Elles déclarent ensuite que si ça n'avait pas été un exercice mais une véritable agression, elles pensent qu'elles auraient frappé leur agresseur de la même manière.

Je pratique les simulations d'agression pour faire comprendre à mes élèves à quel point certains agresseurs sont mauvais et violents. Il faut qu'elles sachent que l'agresseur, lui, n'hésite pas à blesser sa victime. Cela permet à mes élèves d'accepter le fait qu'il n'y a pas d'autre solution que de devoir véritablement blesser l'agresseur pour mettre un terme à l'agression.

Quoi qu'il en soit, vous verrez que l'un des buts de ce livre est de vous permettre de parvenir à entrer en « état de refus absolu ». Si l'agression physique n'a pas pu être évitée et que vous parvenez à vous plonger dans cet état second vous n'hésiterez pas à porter les coups qui permettent de mettre votre agresseur hors d'état de nuire. Seule votre survie comptera.

Le Survival désigne également une autre forme de combat : la survie en forêt ou dans tout autre endroit hostile, sans aide extérieure. Devoir se débrouiller pour survivre : chasser, manger des fruits sauvages, des racines, dormir dans des abris de fortune, etc. Certaines personnes ont une passion pour cette activité ou se préparent à prendre le maquis en prévoyance d'une troisième guerre mondiale… et s'entraînent à passer quelques jours, une semaine ou plus, livrées à elles-mêmes, avec leurs habits et un couteau pour seul matériel.

Le Survival de défense personnelle et la survie dans un endroit hostile paraissent deux activités sans rapport. Ce n'est en fait pas le cas, la seconde constitue l'un des meilleurs entraînements pour la première. Le fait de vivre éloigné de tout, comme un animal sauvage, permet de re-développer notre instinct de combattant logé dans notre cerveau reptilien. Et l'instinct est la clé de la défense personnelle.
Le sujet principal de ce livre est notre instinct.

L'INSTINCT JOUE LE RÔLE PRINCIPAL AUTANT DANS LES DOMAINES DE LA PRÉVENTION ET DE LA DISSUASION QUE DANS CELUI DE L'APPLICATION DES COUPS.

Face à un agresseur, lorsque la confrontation physique n'a pu être évitée (dissuasion ou fuite), il ne faut laisser aucune place à notre intellect. La meilleure réponse à opposer est de laisser le « reptile en nous » s'exprimer. Je devrais plutôt dire que la meilleure réponse serait de laisser le reptile en nous s'exprimer car nous ne pouvons pas savoir, avant de vivre une véritable agression, si nous avons toujours la capacité d'entrer en « mode reptilien ».

L'ÉTAT REPTILIEN

L'état reptilien est cet état d'esprit de « non-réflexion » dans lequel parviennent à se plonger tous les animaux lorsqu'ils combattent. Cet état leur permet de décupler leurs capacités physiques, de ne pas ressentir la peur, de ne pas ressentir la douleur et de réagir immédiatement avec une énergie inouïe. C'est dans cet état que les animaux (comme l'homme) se battent de la meilleure manière et appliquent les coups les plus efficaces.
Quoi qu'il en soit, il faut apprendre et appliquer les coups de Survival, ceux que l'on appliquerait instinctivement en état reptilien et que l'on applique en état de refus absolu.

L'ÉTAT DE REFUS ABSOLU

L'état de refus absolu est l'étape qui précède l'état reptilien. C'est également une sorte d'état de « non-réflexion », proche de l'état reptilien durant lequel on n'agit pas par le cerveau reptilien, mais durant lequel on est tout de même dans une sorte d'état second. Il est plus facile et plus probable de parvenir à se plonger en état de refus absolu. Il y a des moyens d'y accéder : le premier est de cultiver le respect de votre personne, le second est d'apprendre les coups de Survival, ceux de la méthode de défense humaine originelle, naturelle et non des techniques sportives ou artistiques de « défense ». Le troisième moyen est de pratiquer les entraînements physiques et surtout mentaux décrits plus loin.

IL FAUT COMPRENDRE QU'IL EST FAUX DE VOULOIR SE DÉFENDRE EN CHERCHANT À APPLIQUER DES TECHNIQUES NON NATURELLES, INVENTÉES PAR L'HOMME.

Agir avec notre cerveau reptilien est la fantastique capacité que nous avons malheureusement perdue. L'homme veut tout inventer, réfléchir, maîtriser, analyser, commander... Il invente constamment des méthodes, des techniques, des concepts.

Dans le domaine de la défense tout est déjà parfaitement établi par la nature. Il n'y a rien à créer.

AUCUN ART MARTIAL, AUCUN SPORT DE COMBAT N'ÉGALERA JAMAIS LES QUALITÉS ORIGINELLES DE COMBATTANT QUE CHAQUE ÊTRE HUMAIN A EN LUI, LOGÉES DANS SON PREMIER CERVEAU, LE FANTASTIQUE CERVEAU REPTILIEN.

De plus, le fait de tenter d'appliquer des techniques, des coups non naturels, nous oblige à rester réfléchi puisqu'il faut « penser ces coups ». Rester réfléchi empêche de « passer de l'autre côté », de se plonger en état de refus absolu ou en état reptilien.
Se rapprocher de la « bête en nous », parvenir à la caresser et à la réveiller est la meilleure assurance survie. Tous les animaux y parviennent. Au niveau de la défense personnelle, l'homme (d'aujourd'hui) ne vaut pas le dernier des chiens ou des rats…, il est un sous-animal car il a perdu cet instinct.

2 La prévention, une question de bon sens

La prévention est avant tout une question de bon sens et de réalisme. Donnez-vous toujours la possibilité d'anticiper les dangers en étant attentive à votre entourage. Ne fuyez pas la réalité par peur de l'affronter. Nous vivons dans un monde où la violence des hommes est omniprésente. Observez, analysez et comprenez les hommes et les différentes formes que revêt leur violence dans notre société. Lisez les ouvrages et les articles de journaux concernant ce sujet.

BIEN CONNAÎTRE VOTRE ENNEMI POTENTIEL EST LE PREMIER PAS VERS VOTRE VICTOIRE, VOTRE SURVIE.

À LA MAISON

- Fermez la porte d'entrée à clé, la journée également.
- Installez un judas et une chaîne à la porte.
- Ayez des portes et des fenêtres robustes.
- Avant de choisir un nouveau logement, renseignez-vous sur le taux de criminalité du quartier, observez les habitants.
- Lorsque vous emménagez dans un nouveau logement, faites changer la serrure de la porte d'entrée. L'ancien locataire possède peut-être toujours un double de la clé.
- Si vous habitez au rez-de-chaussée, ne laissez pas les fenêtres ouvertes.
- Si vous vivez seule, n'inscrivez pas votre prénom sur votre boîte aux lettres et votre sonnette mais seulement la première lettre suivie de votre nom ou ajoutez le nom d'un pseudo-colocataire.
- Investissez dans un système d'alarme : de l'alarme portative que l'on peut fixer à la porte au système électronique, choisissez en fonction de la taille de votre logement et de sa « perméabilité ».
- N'ouvrez pas votre porte aux étrangers, aux colporteurs.
- S'il vous semble que quelqu'un a pénétré dans votre logement en votre absence, n'entrez pas pour vérifier mais appelez la police.

DÉPLACEMENTS À PIED

- Empruntez des rues fréquentées, au besoin faites un détour pour vous rendre à l'endroit choisi.
- Marchez le moins possible seule. N'hésitez pas, surtout le soir, à demander que l'on vous raccompagne chez vous ou jusqu'à votre véhicule.
- Évitez les endroits à risques particuliers : garages souterrains, arrière-cours, zones industrielles, quartiers à fort taux de criminalité. Ceci de jour comme de nuit.
- Évitez les endroits publics (bars, discothèques) connus pour être mal fréquentés.
- Lorsque vous quittez un pub ou un bar, faites attention de ne pas être suivie.
- Si vous vous sentez suivie, rendez-vous dans le plus proche établissement public et appelez la police (la police est là pour ça, n'hésitez pas à faire appel à elle en cas de doute).
- S'il n'y a pas d'établissement public à proximité, marchez près d'un passant ou demandez à quelqu'un de vous accompagner.
- Si un inconnu dans un véhicule vous interpelle, soyez méfiante et restez à distance du véhicule pour répondre. Il est même mieux de ne pas répondre, de ne pas vous arrêter.
- Ne montez jamais seule avec un inconnu dans un ascenseur.
- Ne prenez pas d'argent aux distributeurs de billets le soir ou la nuit.
- Si vous vous faites voler votre sac, ne poursuivez pas le voleur.

DÉPLACEMENTS EN VOITURE

- De nombreuses agressions sont commises lorsque la victime monte ou descend de son véhicule. Soyez particulièrement attentive lors de ces moments.
- Avant de démarrer, remontez les vitres et verrouillez toujours les portières :

  – pour vous protéger d'une agression ;

  – pour protéger du vol votre sac à main ou d'autres objets de valeur déposés sur les sièges et que l'on pourrait vous dérober à un stop ou à un carrefour. Des enfants ont également été enlevés de cette manière ;

  – pour empêcher un auto-stoppeur de monter dans votre véhicule sans vous demander votre avis ;

  – pour vous protéger de l'un de ces abrutis qui ne supportent pas d'être dépassés par une femme ou qui vous reprochent une quelconque erreur de conduite.

  Ce genre de caractériel peut vous suivre jusqu'à votre prochain arrêt, descendre de son véhicule et tenter d'ouvrir votre portière pour vous frapper.
- Ne faites pas d'auto-stop et ne prenez pas d'auto-stoppeur, ni d'auto-stoppeuse, même si vous n'êtes pas seule dans la voiture.
- Ne laissez pas en évidence des objets de valeur dans votre véhicule, dissimulez-les.
- Ne vous garez pas dans des endroits peu fréquentés ou mal éclairés.
- Ne faites pas le plein la nuit. Rendez-vous à la station-service uniquement le jour.

- Garez votre véhicule de manière à pouvoir démarrer directement en marche avant.
- Si vous devez parler à quelqu'un depuis votre véhicule, ne baissez pas complètement la vitre.
- Ne vous arrêtez pas pour porter secours lorsqu'une personne vous fait des signes au bord de la route ou lorsqu'il vous semble qu'un accident s'est produit. L'obligation de porter secours, c'est avant tout d'alerter les secours. Arrêtez-vous à la prochaine cabine ou 1 km plus loin pour utiliser votre mobile.
- À l'arrêt, ne collez pas le pare-chocs arrière de la voiture qui vous précède. Laissez toujours la distance nécessaire à un démarrage direct en marche avant.
- Si vous avez l'impression d'être suivie, rendez-vous à un poste de police ou dans un endroit public (entrée d'un supermarché, gare, etc.).
- Ayez une lampe de poche dans votre véhicule.

Votre véhicule pouvant être utilisé comme une arme, différents cas pratiques sont développés dans le chapitre *Applications en voiture*.

TRANSPORTS PUBLICS

- Ne vous asseyez pas à l'écart des autres passagers, même si vous voulez lire tranquillement. Cela dit, même entourée vous êtes livrée à vous-même : il y a très peu de chances qu'une bonne âme vous vienne en aide... Mais le fait d'être entourée peut être dissuasif pour l'agresseur. Donc, si les gens près desquels vous vous êtes installée descendent du véhicule, déplacez-vous et rejoignez d'autres personnes.
- Évitez les derniers trains, les derniers bus. Évitez aussi les trains régionaux et, lorsque vous le pouvez, prenez les trains directs qui sont plus fréquentés.
- Le soir, prenez un taxi plutôt que le bus, même si cela est plus onéreux.
- Dans les trains et dans les gares, ne vous rendez pas aux toilettes.

MOMENTS À RISQUES PARTICULIERS

- Lorsque vous montez ou descendez de votre véhicule.
  Vous êtes à ce moment-là plus vulnérable car vous ne pouvez pas voir ce qui vous arrive dans le dos ni vous défendre efficacement lorsque vous êtes assise dans votre véhicule.
- Lorsque vous ouvrez votre porte pour entrer chez vous.
  Des agresseurs sexuels, plus particulièrement, choisissent d'agresser leur victime chez elle afin d'avoir la possibilité de prendre leur temps sans craindre la venue d'une tierce per sonne comme cela peut être le cas dans un endroit public.

IL EST ÉVIDENT QUE LA MEILLEURE DÉFENSE EST LA FUITE CHAQUE FOIS QUE VOUS EN AVEZ LA POSSIBILITÉ. IL N'Y A RIEN DE DÉSHONORANT À PRENDRE LA FUITE.

Les femmes ont l'avantage de ne pas avoir la bêtise du macho de bas étage qui décide de rester sur le lieu du conflit afin de préserver son « honneur ».

Face à un agresseur armé d'une seringue ou d'un couteau et qui en veut à votre argent, obtempérez, donnez-lui votre sac, votre porte-monnaie. Il ne vaut pas la peine de prendre des risques pour des valeurs financières.

Concernant les agressions sexuelles, la très grande majorité des victimes connaissaient leur agresseur. Il n'existe pas de statistiques précises car le viol est toujours, malheureusement, un sujet tabou, surtout dans le cadre familial. Les enfants sont évidemment dans la majorité des cas victimes de personnes de leur famille ou de leur entourage. Les femmes adultes également : l'agresseur est le voisin qui vient réparer une lampe, le collègue de travail qui vous ramène à la maison, votre beau-frère attiré par vous depuis des années, etc., rarement un inconnu !

C'est pourquoi les agressions sexuelles se passent le plus souvent chez la victime ou chez l'agresseur. Nombre de ces agressions se déroulent également dans un véhicule : celui de la victime lorsqu'elle ramène chez elle une personne suivant le

même cours de sport, par exemple, ou celui de l'agresseur lorsqu'elle se fait raccompagner par un homme de sa connaissance. Lorsque l'on parle de l'agression sexuelle, on pense le plus souvent à l'agression complète avec pénétration. Mais certains agresseurs se satisfont d'attouchements et procèdent à des agressions qui ne durent parfois « que » quelques secondes. Ils touchent l'entrejambe et les seins de leur victime, tentent de l'embrasser puis prennent la fuite. Ils terminent ensuite leur agression en se masturbant. Ces agressions sexuelles peuvent donc avoir lieu en plein jour, dans des endroits fréquentés. À nouveau, il faut s'éloigner des idées reçues, de ce que j'appelle l'agression TV (endroit désert, pénombre, parking, etc.).
Soyez constamment vigilante !

Très important : suivez votre instinct. Si vous avez l'impression qu'un danger vous guette, si « vous ne sentez pas » la personne avec laquelle vous vous trouvez, n'essayez pas de vous convaincre du contraire en vous disant : « Ne sois pas parano ! ». Mais réagissez immédiatement.
Votre voix intérieure, votre instinct ne vous ment jamais car c'est votre cerveau reptilien qui vous envoie ces informations. Par contre, l'analyse intellectuelle, vous la faites avec votre troisième cerveau, celui de la « pensée logique ». Et vous savez pertinemment que vous pouvez vous tromper...

ALORS N'ÉCOUTEZ PAS VOS ÉLUCUBRATIONS RASSURANTES ET PRENEZ LA FUITE IMMÉDIATEMENT OU DÉTRUISEZ VOTRE CIBLE !

Une grande étude a été faite à ce sujet par le docteur G. de Becker dans *La peur qui vous sauve* (voir bibliographie). Les femmes victimes d'une agression sexuelle après avoir été abordées poliment par leur agresseur avaient toutes senti que « quelque chose n'allait pas ». Au lieu de suivre leur instinct et de rester fermes, de mettre un terme à la discussion, elles se sont laissé entraîner dans le piège.

Exemple : une femme ne voulait pas être aidée par un homme qui proposait de lui porter son sac à provisions jusque chez elle, mais après qu'il eut insisté, elle a finalement cédé : « Ne sois pas peureuse comme ça et puis il est si gentil, c'est impoli de refuser ! ». Elle le laissa porter son sac jusqu'à son immeuble, puis à l'intérieur des corridors, puis à l'étage et enfin à l'intérieur de son appartement… Puis elle fut violée.

3 Sprays OC, alarmes portatives, objets usuels

SPRAYS OC

OC : *Oleoresin Capsicum*, signifie du concentré de poivre.
Le spray OC est l'article de défense personnelle le plus vendu.

Avantages

- Un bon spray met l'agresseur hors d'état de nuire pendant 20 à 40 minutes environ.
- Le modèle de base peut être utilisé jusqu'à 3 m. Des modèles plus volumineux sont efficaces à plus de 5 m.
- Ne provoque pas de blessures, donc pas d'hésitation à s'en servir.

Désavantages

- L'utilisation d'un tel objet n'est pas un mode naturel de défense. Le fait de devoir réfléchir à son utilisation empêche de « passer de l'autre côté », empêche le réveil de nos formidables capacités de combattant.
- Vous devriez avoir votre spray constamment dans la main. Lorsque l'on est attaqué, par surprise ou non, on n'a pas le temps de le chercher dans son sac ou dans sa poche.
- Même avec un large diffuseur, il n'est pas évident de parvenir à viser le visage de l'agresseur. Surtout quand tout s'accélère et que notre rythme cardiaque monte facilement à plus de 150 pulsations.
- Dans un état de stress, saisir le spray dans le bon sens et mettre son index ou son pouce au bon endroit (bouton de diffusion) devient très aléatoire. On tremble, on tergiverse, on ne trouve pas le spray dans son sac, on le saisit mal, on vise mal, on le laisse tomber au sol, etc.
- S'occuper de son spray et perdre de précieuses secondes est dangereux. Il faut contrer l'agresseur immédiatement.
- Si l'agresseur parvient à se saisir de votre spray (ou toute autre arme), il peut ensuite l'utiliser contre vous.
- Le spray ne peut être utilisé en corps à corps (même un spray mousse) car vous avez toutes les chances d'en recevoir autant que l'agresseur.
- À l'extérieur, le vent peut dévier le produit.
- Ne pas avoir le temps de vous saisir du spray (ou toute autre arme) ou le (la) laisser tomber au sol ou vous le (la) laisser prendre par l'agresseur a un effet très destructeur sur votre confiance, sur votre détermination à vous en sortir car votre

système de défense était basé sur l'objet en question. Si vous ne pouvez pas vous en servir, vous êtes d'autant plus décontenancée.

ALARME PORTATIVE À GAZ

Les décibels (plus de 130) de l'alarme à gaz peuvent provoquer des lésions de l'ouïe, c'est la raison pour laquelle ce type d'alarme ne possède pas d'interrupteur mais uniquement un bouton pression (comme le spray OC). On ne l'actionne qu'une fraction de seconde.
Le son strident de ce type d'alarme surprend l'agresseur, le rend comme hébété durant une à deux secondes seulement durant lesquelles vous devez fuir ou le frapper. Le son de cette alarme ne ressemble pas du tout à un bruit d'alarme susceptible de faire venir des tiers mais plutôt à un crissement de pneus. Et comme ce bruit ne dure qu'une fraction de seconde, c'est moins dissuasif pour l'agresseur. De plus, l'utilisation de l'alarme à gaz est la même que celle du spray OC et en comporte donc tous les inconvénients précédemment cités... En fait, ce type d'alarme n'est pas approprié lors d'une confrontation physique mais plutôt :

- lors d'appels téléphoniques anonymes. Un bon coup dans le combiné, l'effet est radical !
- contre les chiens et chats qui viennent faire leurs besoins dans votre jardin ;
- lorsque vous faites votre jogging afin de vous protéger des chiens errants ou des chiens non tenus en laisse.

ALARME PORTATIVE À PILES

C'est le seul objet (autorisé) que je conseille. L'avantage principal de l'alarme portative à piles est qu'elle peut être actionnée immédiatement, sans temps de préparation : les bons modèles peuvent être actionnés en tirant sur un cordon. Vous la mettez simplement dans une poche, laissez pendre le cordon à l'extérieur, et vous n'aurez qu'à tirer dessus en cas de danger.

Avantages

- Le déclenchement (tirage du cordon) est très simple, une forte augmentation du rythme cardiaque (stress) n'empêche donc pas son utilisation.
- Une fois que l'alarme est actionnée, vous n'avez plus à vous en occuper et vous avez l'esprit libre pour entrer en état de refus absolu.
- Aucune manipulation, pas de temps de mise en route.
- Les décibels de ce type d'alarme sont moins élevés, elle peut donc sonner aussi longtemps que dure la confrontation.
- L'agresseur peut difficilement s'emparer de votre alarme, vous ne risquez pas de la laisser tomber et elle ne peut pas se retourner contre vous comme un spray ou un couteau.
- Vous savez dès le début que votre alarme n'est pas une arme : vous êtes donc prête à utiliser vos mains si la sonnerie ne dissuade pas votre (vos) agresseur(s).
- Certains modèles sont vendus avec un support plastique à placer à côté de la porte que l'on veut mettre sous alarme. On peut ensuite accrocher le cordon à un crochet vissé dans la porte et l'alarme portative devient alors une alarme anti-effraction. Cela permet également de ne pas oublier de l'emporter avec soi au moment de quitter son domicile.

Dans la grande majorité des cas, l'agresseur d'opportunité prendra la fuite. Il existe d'autres victimes plus faciles...
Il est clair que les alarmes portatives servent lorsque vous êtes attaquée dans un endroit où elles peuvent être entendues par des tiers. Si vous êtes dans un véhicule, votre agresseur sera moins – voire pas – dissuadé. Les alarmes portatives s'adressent donc surtout aux agresseurs d'opportunité qui sévissent dans les endroits publics.

OBJETS USUELS

Il existe de nombreux objets pouvant être utilisés comme des armes. Un crayon ou un stylo peut se planter dans le corps de l'agresseur. Un cendrier en céramique peut être lancé au visage ou être cassé en deux sur le rebord d'une table puis utilisé comme un couteau. Une canne ou un parapluie peuvent devenir un bâton, une chaise un bouclier, etc.

MAIS VOTRE MEILLEURE ARME RESTE VOS MAINS !

Le problème est qu'en décidant d'utiliser un objet pour votre défense, vous devez penser et réfléchir à son utilisation. Comme vous l'avez compris, cela n'est pas notre mode naturel de défense. Devoir rester réfléchi empêche d'atteindre l'un ou l'autre état de « non-réflexion » qui nous permet d'être le plus redoutable des adversaires.

4 Votre détermination : primordiale

LE RESPECT

Le secret pour ne jamais être victime n'est pas le temps que vous passez à l'entraînement physique mais l'estime que vous avez de vous-même, le degré de respect que vous accordez à votre personne. Cela se construit et s'entretient tous les jours. Le respect que vous portez aux autres doit vous être rendu ! Le problème est que cela ne s'enseigne pas. Aucun entraîneur, aucun livre ne pourrait vous faire changer d'attitude, d'état d'esprit. C'est à vous de décider pour vous. Décider d'être respectée par tout votre entourage. Si vous avez le plus souvent tendance à laisser les autres décider pour vous, si vous ne réagissez pas immédiatement lorsque l'on vous manque de respect, alors n'espérez pas avoir les ressources mentales et physiques nécessaires afin de pouvoir préserver votre intégrité le jour où vous serez la cible d'un agresseur.

SI VOUS NE DÉVELOPPEZ PAS UN TRÈS GRAND RESPECT DE VOTRE PERSONNE, VOUS NE PARVIENDREZ PAS À VOUS PLONGER EN ÉTAT DE REFUS ABSOLU ET ENCORE MOINS EN ÉTAT REPTILIEN.

Plus vous aurez de respect envers vous-même, plus vous serez à l'abri car plus vous vous estimerez, plus vous trouverez intolérable la moindre ingérence physique et/ou mentale et par conséquent réagirez avec détermination.
Le combat est avant tout mental, pas physique. Vous n'avez absolument pas à craindre une personne plus grande et plus lourde que vous. Les applications et coups réalistes du Survival ne demandent pas de condition physique particulière, ne demandent pas de force. Uniquement de la détermination. Et la détermination dépend du respect de soi-même.
La construction de votre victoire lors d'une confrontation se prépare chaque jour.

IL FAUT CHAQUE JOUR NOURRIR VOTRE INFLUX, VOTRE AMOUR-PROPRE EN RÉAGISSANT CHAQUE FOIS QUE QUELQUE CHOSE NE VOUS CONVIENT PAS.

Or, vous faites-vous respecter ou êtes-vous soumise lorsque :

- on vous bouscule dans la rue ;
- vous faites la queue à la caisse du supermarché et qu'une personne vous dépasse ;
- vos voisins du dessus font trop de bruit ;
- la personne assise derrière vous au cinéma renifle, parle ou mange bruyamment ;
- votre mari ou votre ami laisse traîner le linge sale et considère que c'est à vous de le ramasser ;
- votre mari prend la majorité des décisions à votre place ;
- vos enfants sont impolis avec vous ;
- vos collègues de bureau masculins trouvent normal que ce soit systématiquement à vous de faire les cafés, etc.

Il y a des centaines d'exemples de ce type.

Bien sûr, il est tellement plus facile de ne rien dire, pour ne pas faire d'histoires. Mais alors n'espérez pas que vous aurez assez de cran et de détermination pour réagir lors d'une situation beaucoup plus grave...

Une des causes principales contribuant à faire croire que les hommes sont plus forts au combat que les femmes sont les luttes amicales entre copains, sœurs et frères ou mari et femme auxquelles nous avons tous joué. Lors de tels jeux, la force musculaire et le poids corporel des hommes font la différence car le but du jeu est uniquement d'immobiliser son partenaire.

Les femmes ont donc quasiment toutes l'impression d'avoir vécu le fait que les hommes sont plus forts dans les rapports physiques. Les femmes (et les hommes) n'ayant jamais appris à se battre correctement reproduiront à peu de chose près la même lutte dans une situation réelle. Or, vous verrez plus loin pourquoi la force musculaire et le poids de corps n'ont pas d'importance lors d'une véritable agression, lorsque l'on peut (doit) blesser l'agresseur.

Les complexes, petits ou grands, que nous pouvons tous avoir, sont également une plaie pour notre détermination. Il faut tout faire pour parvenir à s'en débarrasser. Vous êtes trop ronde ? Vous avez un gros nez ? Vous bégayez ? Qu'importe ! Affirmez-vous ! Vous avez des dons et des qualités que personne ne possède. Alors ne laissez pas des défauts futiles diminuer votre détermination.
Tout cela n'est pas uniquement important pour augmenter radicalement votre aptitude à vous défendre mais aussi pour

vivre mieux, heureuse et en accord avec vous-même. Le fait d'exiger le respect de votre entourage vous permettra également de vous construire, vous donnera la volonté d'oser tout entreprendre dans votre vie professionnelle et privée.

PERSONNE NE VOUS EST SUPÉRIEUR !

L'EMPRISE MÉDIATIQUE

Le cinéma, la télévision et les journaux contribuent fortement à la propagation de l'idée absurde que les femmes sont moins capables de se défendre que les hommes. Tous les jours nous pouvons voir à la télévision des séries et films dans lesquels des femmes sont dominées, violentées ou violées par des hommes. Tous les jours nous pouvons lire dans les journaux des comptes rendus d'audience de tribunaux condamnant des hommes à des peines de prison (neuf fois sur dix avec sursis…), pour viols et autres violences envers les femmes. Toutes ces images et lectures ont un effet très négatif sur le mental des femmes, leur confiance en elles. À force de voir ces images et de lire ces écrits

où les femmes sont dominées par les hommes, ces dernières se disent qu'effectivement il n'y a pas grand-chose à faire, qu'ils sont plus lourds, plus grands, plus forts…
Le mythe des hommes plus forts que les femmes a par contre un effet positif : la plupart des agresseurs se disent que c'est facile, qu'ils peuvent faire de leur victime ce qu'ils veulent. Cela vous donne l'avantage de la surprise : ils ne s'attendent pas à ce que vous sachiez vous défendre. C'est pourquoi le plus souvent, ils ne se protègent pas, ne cherchent pas à anticiper vos réactions. Ils « s'offrent » à vos coups car ils ne se concentrent que sur ce qu'ils ont décidé de faire et ne pensent pas à se protéger car vous êtes supposées être moins fortes.

SI VOUS NE FAITES PAS L'ERREUR D'ENTRER DANS LE JEU D'UNE LUTTE MUSCULAIRE LE PLUS SOUVENT PERDUE D'AVANCE EN TENTANT DE VOUS DÉGAGER DE LA PRISE DE VOTRE AGRESSEUR (ÉTRANGLEMENT, SAISIE DU POIGNET, DES ÉPAULES, ETC.) MAIS LUI INFLIGEZ UN COUP DE SURVIVAL, UNE DOULEUR INSUPPORTABLE, VOUS GAGNEREZ !

5 Le cerveau reptilien

Les plus grands combattants sont les animaux, pas les hommes. Dans une situation de légitime défense, face à un (des) agresseur(s) sans scrupule, il faut « exploser », agir dans une sorte d'état animal (reptilien), refuser à tout prix de subir. Il faut utiliser nos mains comme les animaux utilisent leur gueule et leurs pattes. Les animaux n'ont pas de techniques de combat ! Il n'y a que l'homme qui soit assez idiot pour en développer, les croire efficaces et croire qu'il pourra les utiliser.

IL NE FAUT PAS RÉFLÉCHIR À LA MANIÈRE DONT ON VA AGIR, IL FAUT AGIR IMMÉDIATEMENT !

Observez les félins et les reptiles comme le crocodile, ils n'ont pas de techniques, ils mordent, griffent, arrachent, déchirent... Il faut frapper au combat de la même manière que l'on retire immédiatement sa main de la plaque brûlante de la cuisinière. On ne réfléchit pas : « Aïe, c'est chaud, il faut que j'enlève ma main ! » On l'enlève immédiatement. Cette réaction face à la douleur est commandée par notre cerveau reptilien.

L'homme possède trois cerveaux :

- le cerveau reptilien ;
- le cerveau mammifère ;
- le cerveau humain, néocortex
  (la pensée logique, la réflexion avant l'action).

L'ÉTAT REPTILIEN, LA BÊTE EN NOUS

Le cerveau reptilien commande nos réactions instinctives, nos tendances comportementales innées. Notre instinct de survie, et donc notre système humain de défense, est logé dans notre cerveau reptilien. On ne le commande pas, il est comme indépendant de nous, c'est pour cela que je le nomme la bête en nous.

Lorsqu'il entre en action, le cerveau reptilien ne demande pas son avis à notre cerveau humain, il agit immédiatement.

Les mammifères, tout comme l'homme, ont conservé leur cerveau reptilien. Leur cerveau mammifère, qui est plus développé que celui des reptiles, permet à l'homme de les apprivoiser plus facilement. C'est pourquoi les animaux de compagnie sont des mammifères. Mais contrairement à l'homme, ils parviennent aisément à se plonger dans leur cerveau reptilien.

L'homme étant un mammifère, le troisième cerveau, le cerveau humain actuel, est une sorte de cerveau mammifère très élaboré.

LE CERVEAU HUMAIN N'EST PAS ADAPTÉ POUR LE COMBAT. LORSQUE LA CONFRONTATION PHYSIQUE N'A PU ÊTRE ÉVITÉE, IL EST BEAUCOUP PLUS EFFICACE DE LAISSER AGIR NOTRE NATURE PROFONDE.

Il faut parvenir à nous mettre en état de ne pas ressentir la peur, de n'éprouver aucune pitié et d'appliquer des coups véritablement efficaces. Rester « réfléchi » a également le désavantage de laisser la peur et le stress nous gagner.

Bien évidemment, dans un endroit public, vous ne pourriez justifier légalement d'avoir attaqué les yeux d'un homme vous ayant mis la main aux fesses. Dans ce cas-là, vous pouvez vous permettre de rester plus calme et de réagir en restant « humaine », réfléchie, en retenant vos coups : choisissez de lui donner un coup de l'intérieur de la main, base du poignet, sur le nez si vos injonctions verbales n'ont pas suffi à l'arrêter (voir chap. *Applications et coups*, fig. 2). Vous agissez là avec votre cerveau humain.

Lorsqu'ils se battent, les animaux ne se contrôlent plus, ils sont en possession d'une énergie fantastique. C'est cette perception, sensation d'énergie et de détermination totale, qui nous effraie face à un chien, un chat ou même un hamster qui menace de nous mordre ou se bat sous nos yeux.

Lorsque votre chat est à la maison, il est calme, il vient manger quand vous l'appelez, etc. Mais lorsqu'il se bat dans votre jardin pour défendre son territoire, il ne répond pas à son nom, il devient autre ! Il est reptilien. Les mammifères ont conservé cette formidable faculté d'entrer en mode reptilien, de ne pas subir la peur, de ne pas être bloqués, tétanisés. Ils sont transcendés, déchaînés, ne ressentent pas la douleur, n'ont aucun scrupule. Ils ne réfléchissent pas, ils agissent.

Lorsqu'on accule un rat dans un coin et qu'il ne parvient pas à trouver un passage pour sa fuite, il attaque, saute au corps ou au visage de son agresseur. Tous les animaux font de même, ils se battent jusqu'à la mort. Lorsqu'ils n'ont pas la possibilité de fuir, ils ne subissent pas la peur, ils attaquent systématiquement.

Le cerveau reptilien est le plus vieux des trois cerveaux. Le crocodile ne possède que ce cerveau, comme les autres reptiles. C'est pour cette raison qu'il est un combattant hors pair. Nous avons toujours notre cerveau reptilien mais nous ne parvenons plus à y accéder, à agir par lui comme le font les mammifères et les reptiles. Notre troisième cerveau est trop éloigné du cerveau reptilien. Notre environnement sécurisé nous a également fait perdre cet instinct de survie, cette capacité à nous mettre dans cet état qui permet :

- de ne pas subir la peur (conserver ses capacités motrices) ;
- de donner des coups explosifs, nerveux et non pas musculaires ;
- de ne pas ressentir la douleur ;
- de n'éprouver aucune pitié ;
- de se battre correctement, uniquement avec notre instinct.

Nous ne parvenons plus à atteindre cet état car l'homme n'est plus depuis longtemps en perpétuel danger comme l'était l'homme des cavernes. Notre société a inventé de nouveaux dangers mais nous passons la plupart de notre temps dans des environnements sécurisés. Nous n'avons plus besoin d'être constamment sur nos gardes par peur d'être attaqués par un ours.

Le reptile n'a pas de technique, pas de plan d'attaque ou de défense, il ne pense pas, il n'a pas de sentiments, il n'a qu'un formidable mécanisme de survie vieux de millions d'années qui s'enclenche automatiquement.

Il faut être un très grand maître du Dim-Mak (voir lexique) pour parvenir à entrer volontairement dans notre cerveau reptilien. Celui que j'ai vu faire a mis plus de dix secondes et a dû prendre certaines positions. Cela n'est évidemment pas possible dans une situation réelle. Le but de cet exercice est de prendre l'habitude d'accéder à son cerveau reptilien pour espérer y pénétrer, espérer agir à travers lui en cas de danger.

Il existe deux cas reconnus de femmes qui ont agi en état reptilien. Elles ont chacune réussi à soulever une voiture pour dégager des personnes (dans l'un des cas son enfant) coincées dessous après un accident ! Or, soulever une tonne est impossible pour l'homme le plus fort du monde, qui ne pourrait pas lever la moitié d'une telle masse dans cette position...

C'était dans les deux cas un effort reptilien, ces femmes n'ont pas réfléchi avant d'agir, elles étaient dans un état second.

Un autre cas, plus proche de moi, concerne un de mes amis professionnels de la sécurité. Ce dernier s'est retrouvé un jour dans une situation désespérée, seul face à un homme armé d'un pistolet braqué sur lui ainsi qu'à trois autres hommes armés de couteau et de barre métallique. La seule chose dont il se souvienne est de s'être retrouvé ensuite à genoux, en pleurs, au milieu de ses agresseurs allongés au sol et en sang. État reptilien ou état de refus absolu, il était parvenu à se plonger en état de non-réflexion, en état de ne rien ressentir, ni peur, ni douleur, ni pitié. C'est ce qui l'a sauvé.

LES FEMMES SONT PLUS APTES À PARVENIR À ENTRER EN ÉTAT REPTILIEN OU EN ÉTAT DE REFUS ABSOLU CAR CE SONT ELLES QUI ENFANTENT.

Elles ont plus de capacité, plus de propension à sauver la vie, puisque pour la mère, la vie de son enfant vaut encore plus que la sienne. Cela se vérifie dans le monde animal où ce sont les femelles qui sont le plus déterminées à sauver leurs petits des autres prédateurs. Parfois, elles doivent même se battre face au père de leur progéniture. Chez les lions et les crocodiles par exemple, il arrive que le mâle cherche à dévorer ses propres petits.

J'ai pu observer à deux reprises des bagarres entre femmes. J'ai été frappé par la violence de chacune de ces femmes. Sans connaître le Survival, elles se battaient mieux que les nombreux hommes que j'ai pu observer. Elles étaient « déchaînées », criaient, griffaient, arrachaient les cheveux et j'ai même vu l'une d'entre elles mordre son adversaire. Griffer et arracher des cheveux n'est pas très efficace, mais ce qu'elles ont fait de mieux que les hommes est le fait de parvenir à se plonger dans cet état de détermination (cris et frappes nerveuses) et d'avoir la bonne position des mains, comme la patte du félin (voir lexique).
Les hommes que j'ai vus se battre sont, eux, toujours restés « réfléchis ». Ils ne sont pas parvenus à se mettre dans un pareil état de détermination. Ils utilisaient leurs poings et/ou faisaient une simple lutte. En les observant, je n'ai pas été nourri d'énergie.

Comme nous l'avons vu, nous n'avons plus véritablement la capacité d'entrer en mode reptilien pour les raisons suivantes :

- notre troisième cerveau (cerveau humain actuel) ;
- notre style de vie ;
- notre environnement sécurisé la plupart du temps ;
- le fait de vouloir se défendre en appliquant des techniques artistiques et sportives (qui demandent de la réflexion...) ;
- le fait d'analyser la situation de danger plutôt que de réagir immédiatement.

Toutes ces raisons sont les obstacles au réveil de nos formidables capacités de défense physique logées dans notre cerveau reptilien. Aujourd'hui, les moyens permettant d'espérer, en cas d'agression, le réveil de notre animal-gardien ou, tout du moins, de parvenir à nous plonger en état de refus absolu, sont les suivants (ils sont développés dans le chap. *Entraînement*) :

L'entraînement mental

- Exigence systématique du respect de votre personne par tout votre entourage
- Observation des animaux
- Affrontement de vos appréhensions et de vos peurs
- Visualisations d'agressions
- Entraînement reptilien. Entraînement personnel de mise en danger, d'approche du cerveau reptilien

L'entraînement physique

- Apprendre les coups de Survival
- Entraînement réaliste de simulations d'agressions
- Affrontement de vos appréhensions et de vos peurs
- Entraînement personnel
- Entraînement sportif
- Entraînement reptilien. Entraînement personnel de mise en danger, d'approche du cerveau reptilien

À DÉFAUT DE L'ÉTAT REPTILIEN, L'ÉTAT DE REFUS ABSOLU

L'état proche de l'état reptilien, c'est l'état de refus absolu, le respect de sa personne poussé au paroxysme.

LE REFUS ABSOLU DE SUBIR EST LA CLÉ DE LA DÉFENSE PERSONNELLE.

Cet état d'esprit se construit chaque jour. Pas durant des séances d'entraînement physique mais à chaque fois que vous devez ou devriez vous imposer dans la vie de tous les jours. Encore une fois, le respect que vous accordez aux autres doit vous être rendu. Il faut être très vigilante et se battre tous les jours. C'est cela qui construira votre victoire face à un ou plusieurs agresseurs. C'est la construction de votre force de caractère, du respect de votre personne qui vous permettra de transcender la peur, de ne pas subir le stress, de ne pas ressentir la douleur (sur le coup), de n'avoir aucun scrupule, d'opposer des coups explosifs (nerveux), de détruire vos cibles et d'avoir, peut-être, la capacité de passer en mode reptilien.
Si l'on pouvait organiser un combat réel (sans règles) entre un homme des cavernes et un ceinture noire de karaté par exemple, le premier ne ferait qu'une bouchée du sportif...

L'exemple de la belette

Une belette adulte pèse jusqu'à 250 g et mesure un peu moins de 20 cm sans la queue (10 cm). La belette est une combattante extraordinaire, elle est encore plus agressive que les fouines. La belette n'hésite pas à s'attaquer aux hommes ou aux chevaux s'approchant trop près de son gîte. Elle parvient également à tuer des rats plus gros qu'elle. La belette est le mustélidé le plus agressif et le plus courageux, elle est l'un des plus beaux exemples de détermination sans limite.

La plus fantastique histoire à son sujet est la suivante : un chasseur a pu observer un jour l'attaque d'un milan qui piqua sur une belette, la saisit entre ses serres et s'envola à nouveau dans les airs. La belette parvint à se dégager en vol, attaqua le milan au corps et le força à regagner le sol. Elle le tua et partit, blessée. L'histoire ne dit pas si elle succomba ensuite à ses blessures mais elle dit tout sur ce que les « petits » peuvent infliger aux plus grands lorsqu'ils ont suffisamment de détermination à survivre. À vous d'établir le parallèle.

Les pièges à loups et à lapins

Concernant la survie, l'homme d'aujourd'hui a tout à apprendre des animaux. Après la belette, un autre exemple extraordinaire est celui des loups et des lapins les pattes prises dans des pièges. Afin de se dégager, ils se sectionnent parfois la patte avec leurs dents ! Imaginez-vous la cheville prise dans un piège à loup avec à votre disposition une scie à bois... Vous comprenez pourquoi les animaux sont le centre de mes réflexions sur la défense personnelle.

6 L'inefficacité des arts martiaux et des sports de combat traditionnels

Les arts martiaux et les sports de combat traditionnels ont pour but d'établir un échange de coups sur le tatami ou le ring. La réalité de la rue, lors d'une véritable agression, exige exactement le contraire : abréger au plus vite la confrontation, blesser l'agresseur en un minimum de coups.

LES TECHNIQUES SPORTIVES ET L'ESPRIT FAIR-PLAY SONT À METTRE AU PLACARD DÈS QUE L'ON SORT DE LA SALLE DE SPORT.

Lors d'une agression, il faut être mauvais et appliquer des coups beaucoup plus vicieux.

Certains coups et applications du Dim-Mak et du San Soo (voir lexique), ainsi que mes « spécialités » s'attaquent aux articulations, aux os, aux yeux, aux oreilles, au système nerveux de l'agresseur… Il faut briser, arracher, crever, enfoncer, mordre, déchirer !

Ceci peut vous choquer, paraître brutal mais il faut absolument être réaliste et tenter d'imaginer la violence d'une agression réelle. Des mots et des coups de poings n'infligent pas de véritable douleur, ils ne vous protégeront jamais d'un agresseur déterminé à mener son action à terme.

La majorité des arts martiaux se pratique uniquement debout. Les rares arts martiaux abordant également le combat au sol comprennent essentiellement des techniques d'immobilisation qui ne blessent pas, qui ne rendent pas l'(les) agresseur(s) inapte(s) à poursuivre son(leur) action.

LES FAIBLESSES DES ARTS MARTIAUX ET DES SPORTS DE COMBAT

Les quatre domaines de la défense

- Agresseur(s) et victime debout à distance.
- Debout au corps à corps.
- Agresseur(s) debout et victime au sol.
- Agresseur(s) et victime au sol.

Les arts martiaux et les sports de combat n'abordent pas ces quatre domaines. Le karaté et le full-contact, par exemple, se pratiquent uniquement debout. Le judo ne se pratique que debout au corps à corps ou au sol au corps à corps. Une méthode de défense réaliste et complète doit obligatoirement comprendre les différents coups et applications relatifs à ces quatre différentes situations.

Les autres points faibles

Les coups de poings, les coups du revers de la main et du tranchant de la main

- La manière dont on frappe certains endroits (joue, pommette, menton, front, nez, mâchoire, région du ventre, etc.) ne « terminent » pas l'agresseur, ne le blessent pas ou pas assez. Un K.-O. du foie ou de la rate est difficile à réaliser, cela demande de la précision. En outre, sur une personne portant des vêtements, le poing ne pénètre pas assez la cible.

- En frappant avec le poing ou le revers de la main, on peut se casser ou s'ouvrir les doigts sur les os ou les dents de l'agresseur.
- Il y a un trop grand nombre de coups différents ce qui, en situation réelle (stress), dans le meilleur des cas, provoque des hésitations et augmente le temps de réaction (voir chap. *La science et le combat*).
- Les positions des mains ainsi que les manières de frapper ne sont pas naturelles. Il est impossible d'appliquer de telles techniques sous stress (voir chap. *La science et le combat*).

Les coups de pieds (dessus, talon, intérieur, extérieur)

- Afin de ne pas casser le tibia ou la rotule de l'adversaire du ring ou du partenaire d'entraînement, on frappe au-dessus de la ceinture. Pas de casse des genoux et des tibias, pas de frappes des parties génitales.
- Plus la cible est haute, plus le coup est lent et moins puissant.
- Risque que l'agresseur vous saisisse la jambe et vous projette au sol.
- Risque de déséquilibre (sol glissant, gravillons, chaussures glissantes, à talons, etc.).
- Sans échauffement préalable, risque de déchirure musculaire (ischio-jambiers, adducteurs).
- Dans un endroit clos, la présence d'obstacles, de meubles ne laissent pas suffisamment de place pour donner de tels coups.
- Ces techniques de jambes demandent des mois d'entraînement et une condition physique particulière.
- Les hommes exposent dangereusement leurs parties génitales.
- Il y a un trop grand nombre de coups différents ce qui, en

situation réelle (stress), dans le meilleur des cas, provoque des hésitations et augmente le temps de réaction (voir chap. *La science et le combat*).
- Les positions des pieds ainsi que les manières de frapper ne sont pas naturelles. Il est impossible d'appliquer de telles techniques sous stress (voir chap. *La science et le combat*).

Les techniques de projection, clés, saisies de l'arme

- Ces techniques variées demandent une grande coordination, une rapidité d'exécution et un bon jeu de jambes. Elles exigent des années d'entraînement.
- Lors des entraînements, ces techniques sont appliquées à vitesse réduite et de manière répétitive, ce qui n'est absolument pas réaliste. Il faudrait être un véritable expert pratiquant ces techniques plusieurs fois par semaine et depuis des années. Mais le très grand stress dans lequel se retrouve tout à coup également plongé un expert dans une situation réelle, loin de sa sympathique salle de sport, le met dans une situation très différente durant laquelle ses facultés mentales et motrices sont extrêmement diminuées ! (incapacité à reproduire ce que l'on parvient à faire à l'entraînement).
- Le très haut rythme cardiaque relatif à un sentiment de danger empêche l'application correcte de techniques, de mouvements « complexes » et/ou « fins » (voir chap. *La science et le combat*). Que faites-vous de votre agresseur si, par chance, vous parvenez à lui faire une clé de bras ? Vous criez au secours ? Vous attendez pendant deux heures le retour de votre mari à la maison ? Vous attendez qu'une patrouille

de police passe dans la rue où vous vous trouvez ? Vous attendez que son comparse vous frappe dans le dos ?

Les entraînements, le corps à corps, le combat au sol, l'esprit fair-play

- Pas d'applications au sol. La majorité des confrontations tous sexes confondus ainsi que la plupart de agressions sexuelles se terminent au sol. Parvenir à mettre hors de combat son adversaire lorsque l'on se retrouve au sol est primordial et devrait donc être une composante essentielle de l'entraînement.
- Pas d'applications au corps à corps debout (prises, étranglements par-derrière, par-devant, sur le côté, saisies du bras, du poignet, de l'épaule, saisies à la taille par-devant, par-derrière, etc.).
- Pas d'entraînement hors du tatami ou du ring : dans un ascenseur, un endroit clos, dans une chambre avec des meubles gênants, dans une voiture, entre des voitures, en extérieur, de nuit, etc.
- Pas d'entraînement contre plusieurs agresseurs.
- Entraînement contre des adversaires ayant toujours le même style, contrairement à de véritables agresseurs qui ont chacun une manière différente de se battre.
- Un arbitre donne le début du combat et l'adversaire se trouve à deux mètres devant soi. Lors d'une agression réelle l'agresseur peut vous tomber dessus à tout moment et de tous côtés, vous surprendre par-derrière.
- Développement d'un esprit fair-play qui n'a pas sa place lors d'une confrontation réelle.

Tout cela est absolument ridicule ! Et même criminel de la part de maîtres de sport de faire croire à leurs élèves qu'elles/ils apprennent à se défendre efficacement.

LES GESTES AUTOMATIQUES

À chacune de mes discussions avec des pratiquants d'arts martiaux, lorsque j'aborde le problème de la complexité des gestes et des enchaînements non naturels qu'ils pratiquent, ces derniers me répondent qu'à force de répéter un geste des milliers de fois il se fera automatiquement en situation réelle, il deviendra « instinctif ». Ceci est faux :

- Aucun des mouvements que l'homme invente ne deviendra jamais instinctif. Ce qui est instinctif est uniquement ce qui a été établi par la nature ! Le mot instinctif est mal compris et mal utilisé.
- Un mouvement ou un enchaînement exécuté dans une situation idéale, sans danger, sans augmentation sensible du rythme cardiaque ne pourra pas être reproduit efficacement dans une situation réelle. Pour qu'un mouvement, un enchaînement devienne automatique, il faudrait qu'il soit effectué en situation dans les mêmes conditions qu'à l'entraînement. Ce qui veut dire que l'état d'esprit et le rythme cardiaque de l'élève, la position de l'agresseur ainsi que la vitesse de son attaque, sa manière d'attaquer, son angle d'attaque, le fait qu'il parle ou non, le nombre d'agresseurs, la configuration des lieux (véhicule, endroit clos ou espace, présence ou non de meubles et/ou d'autres obstacles, type de sol [régulier, irrégulier, glissant, pente, etc.], lumière ou pénombre, etc.), tous ces nombreux paramètres devraient être rigoureusement identiques. Ceci est évidemment impossible puisqu'une agression est à chaque fois différente, unique. Et il n'est précisément pas tenu compte de ces paramètres lors des

entraînements d'arts martiaux et sports de combat qui se déroulent en salle, toujours dans les mêmes conditions et face à des « agresseurs » au style unique.

- Cette théorie de gestes « automatiques » en situation réelle est absurde. C'est comme si l'on préparait un pilote à 30 km/h dans une caisse à savon, qu'on lui donne ensuite une Formule 1 et qu'on lui demande de rivaliser avec de véritables pilotes sur circuit...

Le Survival a une approche réaliste et scientifique du combat, il ne perpétue pas une tradition. Le Survival ne contient pas de chorégraphies, pas de katas (voir lexique), pas de techniques, pas de temps morts, pas de coups inutiles et inefficaces. Il ne comporte que des coups et des applications faciles à exécuter (mouvements « bruts », voir chap. *La science et le combat*), qui blessent réellement. Un coup de poing est beaucoup moins efficace que l'arrachement d'une oreille ou l'enfoncement de doigts dans les yeux. Et surtout, les meilleurs coups du Survival, ceux de la méthode humaine originelle de défense, se donnent tous avec la même position naturelle de la main, la patte du félin (voir chap. *Applications et coups*, fig. 2).

LA SIMPLICITÉ EST UN DES ÉLÉMENTS CLÉS DE L'EFFICACITÉ. LA NATURE L'A BIEN COMPRIS.

7 La science et le combat

Ce chapitre sur les recherches scientifiques concernant la perte de nos capacités motrices et intellectuelles dans une situation de stress constitue la seconde preuve (par l'approche scientifique) qu'il ne faut pas chercher à se défendre en appliquant des techniques puisque ces dernières ne peuvent s'appliquer correctement qu'avec un rythme cardiaque inférieur à 115 ou 145 pulsations-minute.
La première preuve étant, je le répète, l'évidence qu'il ne faut pas contredire la nature, qu'il ne faut pas inventer des méthodes et des techniques de défense.

LA MÉTHODE DE COMBAT (DÉFENSE) HUMAINE ORIGINELLE EST LA MEILLEURE.

HISTORIQUE

Un système de défense efficace doit être établi en fonction des effets du stress sur nos capacités physiques et intellectuelles, que ce soit pour le combat à mains nues, avec armes blanches ou avec armes à feu.
Le tableau de B.K. Siddle (*Sharpening the Warrior's Edge*, 1995, voir ci-dessous), est une synthèse de ses recherches et de celles de ses confrères scientifiques. Les recherches sur les effets très négatifs du stress que subit une personne se trouvant en situation de danger face à un agresseur ont commencé dans les années 30 avec la parution d'ouvrages tels ceux du Dr Mc Givern (*Fast and Fancy Revolver Shooting*, 1932) et du C^el^ Rex Applegate (*Kill or Get Killed*, 1943)

Tableau de B.K. Siddle

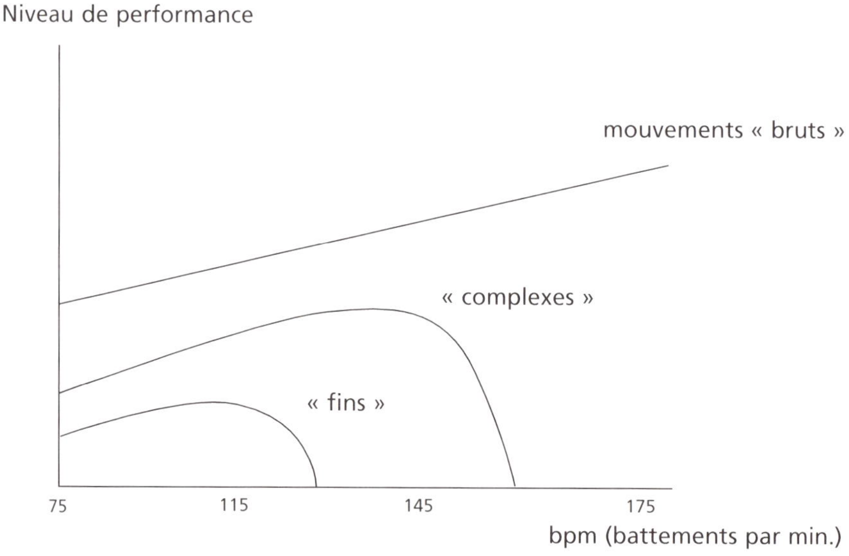

Lecture du tableau :

- Dès 115 bpm : la capacité à effectuer des mouvements de précision (dits mouvements « fins »), demandant une coordination yeux-main(s) et/ou pied(s) et impliquant des petits muscles comme ceux des doigts, se détériore et n'est plus possible.
  Exemple : jouer du piano, écrire, taper à la machine, self-defence (clés, projections, saisies d'armes, etc.).

- Dès 145 bpm : les mouvements dits « complexes » (position des pieds et des mains asymétriques) deviennent aléatoires.
  Exemple : jeu de jambes, chorégraphie, arts martiaux, self-defence, position de tir Weaver (voir page 76).

- Dès 180 bpm : perte des processus cognitifs (voir lexique), temps de réaction très lent, tétanie.

■ ÉTUDES DES POSITIONS DE TIR DE COMBAT

W.E. Fairbairn et R. Applegate ont mené chacun des recherches sur la meilleure position de tir de combat. Cela ne veut pas dire celle qui permet le plus de précision, mais celle que le tireur met le moins de temps à prendre afin de tirer au plus vite. Un policier engage huit fois sur dix son arme à moins de 5 mètres de sa cible. À cette distance, l'utilisation du guidon (visée) de l'arme est inutile, la précision est moins importante que la rapidité. La réalité n'a rien à voir avec les séries TV américaines surréalistes dans lesquelles les protagonistes se tirent dessus à 15 mètres de distance…

Leurs études ont démontré que la *position Isocèle* (position triangulaire symétrique, pieds sur la même ligne et écartés à largeur d'épaule, arme saisie à une [ou deux] main[s], bras tendu[s] devant soi) permet une plus grande rapidité de tir que la *position Weaver* (position asymétrique du haut et du bas du corps, de trois quarts, pied du côté fort en arrière, bras fort tendu, bras faible plié, tête penchée du côté armé). Cette position est moins naturelle et demande donc plus de temps pour être « déclenchée » par le cerveau. M. Weaver faisait d'ailleurs des compétitions de tir de précision, il n'était pas policier… Encore aujourd'hui, la majorité des instructeurs de tir enseignent toujours la position Weaver. Comme les professeurs d'arts martiaux, ils n'ont jamais eu une approche scientifique de leur discipline.

Les arts martiaux et sports de combat les plus pratiqués ont été créés bien avant que des chercheurs se penchent sur le problème du stress et ses effets dévastateurs. Ils perpétuent une tradition.

Je ne cherche pas ici à dénigrer les arts martiaux et leurs traditions que je respecte. J'ai également beaucoup de respect pour ceux qui pratiquent un art martial depuis des années et qui ont atteint un niveau élevé dans leur art. Les arts martiaux demandent beaucoup de travail et de détermination.

Cependant, le problème des arts martiaux est qu'ils n'ont pas ou très peu évolué. On trouve dans nombre de dojos les photos ou les écrits des maîtres fondateurs de la discipline enseignée et personne n'oserait contredire le maître ou modifier une technique enseignée depuis des dizaines, voir des centaines d'années car il faut respecter la tradition et surtout ne pas transformer un art en du street-fighting (voir lexique) totalement inesthétique et dépourvu de valeurs idéologiques.

La méthode humaine naturelle de défense ainsi que les effets négatifs du stress sur nos capacités physiques et intellectuelles n'ont donc que très peu de chance d'être pris en compte dans les milieux fermés des arts martiaux et des sports de combat (tout comme dans les milieux du tir).

LES EFFETS NÉGATIFS DU STRESS

Un combattant efficace doit comprendre le rôle de la science afin d'appréhender correctement la pratique. Dans mon cours, je donne autant de théorie que de pratique pour que mes élèves comprennent pourquoi j'enseigne tel mouvement (dit « simple ») et pas tel autre (dit « complexe » et/ou « fin »).

Le véritable ennemi n'est pas l'agresseur mais le stress qui provoque une mauvaise application des coups :

- capacités motrices et intellectuelles nettement diminuées ;
- augmentation du temps de réaction ;
- hésitation, panique, tétanie, etc.

L'augmentation du rythme cardiaque a également une influence sur nos processus cognitifs (voir lexique), ainsi que sur nos capacités intellectuelles. C'est la raison pour laquelle des policiers engagent parfois leur arme contre des suspects ayant un sandwich à la main, un mobile, ou lorsqu'il y a des innocents pouvant être tués derrière le criminel et qu'il ne faut par conséquent pas utiliser une arme à feu.

Autres exemples des effets du stress

- Des policiers, agents de sécurité qui « dégainent » leur mobile, leur matraque ou leur paire de menottes alors qu'ils voulaient dégainer leur pistolet, qui se perdent et se trompent totalement dans le traitement du dérangement (voir lexique) de leur arme, confondent les différents types de dérangement, qui tirent sur un collègue, qui restent tétanisés, incapable de porter secours, de réagir...

- Des femmes ou des hommes restant totalement bloqués, tétanisés, incapables de réagir face à leur(s) agresseur(s)...

Contrairement aux mouvements impliquant des petits muscles et/ou des positions asymétriques, les efforts et les mouvements dits « bruts », qui impliquent les gros muscles des jambes et des bras, sans position non naturelle de départ, sans chorégraphie et sans enchaînement, ne sont pas affectés par une nette augmentation du rythme cardiaque.

Bien au contraire, ils sont donnés avec plus d'explosion et plus de puissance. Certains entraîneurs d'haltérophilie giflent leurs élèves juste avant qu'ils aient à fournir leur effort afin de faire monter leur taux d'adrénaline (et donc le rythme cardiaque).

Les autres sports, qui ne sont pas des épreuves de force brute, demandent le contraire : rester calme car les mouvements effectués demandent de la réflexion. Les arts martiaux, les sports de combat et la self-defence font partie de cette catégorie...

LE TEMPS DE RÉACTION

- Le cerveau met plus de temps (centièmes de seconde) à déclencher les mouvements « fins » et « complexes » que les mouvement « bruts ».
- Plus l'élève apprend un grand nombre de mouvements, plus le cerveau mettra du temps à déclencher le mouvement que l'élève choisit d'exécuter.

L'étude du Dr J. Ferrara

Cette étude de 1993 porte sur le temps de réaction de deux groupes de personnes lors de l'exécution d'un block du bras pour parer à un coup de poing. Un groupe n'apprit qu'un seul block et l'autre trois blocks. Les élèves du premier groupe eurent un temps de réaction moyen 2,5 fois plus rapide que le groupe de personnes en ayant appris trois. Lors des tests, les personnes ayant appris trois blocks savaient, avant de devoir parer aux coups de poing, quel block elles allaient systématiquement utiliser, elles avaient chacune leur block préféré. Mais, au moment de l'exécution, leur cerveau devait tout de même « choisir » parmi les trois...

Même si, parmi les différents coups de pied ou de poing appris, il y en a un que l'on préfère et que l'on se dit des centaines de fois que c'est celui-ci que l'on donnera en cas de besoin, notre cerveau devra tout de même « sélectionner » ce coup. Cela nous fait perdre de précieux centièmes de seconde qui peuvent faire la différence, c'est-à-dire que l'on s'expose plus longtemps aux coups de l'agresseur.

LES PRINCIPES FONDAMENTAUX DU SURVIVAL : UNE GRANDE SIMPLICITÉ DES COUPS ET UNE À DEUX APPLICATIONS AU PLUS POUR CHAQUE SITUATION.

Je n'enseigne par exemple qu'un seul coup de pied donné debout et il n'y a pour ce coup qu'une seule cible.
Moins on a de choix, moins le cerveau est lent et moins on risque de s'embrouiller, d'hésiter. On est donc plus rapide et le rythme cardiaque augmente moins. Notre rythme cardiaque, dans une situation réelle, peut plus que doubler en quelques secondes.
Les principes scientifiques du tir s'appliquent également au combat à mains nues. En Survival, il n'y a pas de positions de frappe, que l'on frappe avec le pied ou avec la main. L'important est de détruire le point visé, pas la manière.

IL NE FAUT PAS RÉFLÉCHIR À LA FAÇON DE FRAPPER, IL FAUT FRAPPER !

Je corrige mes élèves uniquement sur la détermination que je lis dans leurs yeux et l'explosion de leurs coups. L'esthétisme des mouvements n'a aucune importance, seule l'efficacité compte !

Les coups « bruts » directs et simples à exécuter, contrairement aux techniques de frappe, prises, enchaînements, chorégraphies, etc. sont plus naturels. Ils limitent le risque d'une mauvaise exécution, d'un temps de réaction lent, d'une augmentation encore plus grande du rythme cardiaque, de la tétanie.

Certaines victimes de viol s'en veulent terriblement de n'avoir pas physiquement combattu leur agresseur, elles ont honte et parfois même l'impression d'avoir été consentantes. Elles ont en fait été si choquées, stressées, que leur rythme cardiaque a dépassé les 170 pulsations et a provoqué la tétanie, les empêchant de réagir.

Le combat de survie doit donc être composé d'un petit nombre d'applications brutes, faciles à réaliser afin qu'une exécution correcte et efficace puisse se faire en situation réelle.

Il faut que nous réapprenions à nous battre de la même manière que le faisaient les premiers hommes. Aucun zoologue n'a jamais prétendu que les animaux se défendent, se battent de manière inappropriée… Alors pour qui se prennent les techniciens de la défense humaine ?

L'entraînement réaliste, les simulations d'agressions

Cette partie du texte est développée dans le chapitre *Entraînement*. Je le cite préalablement ici car il est évident et scientifiquement prouvé qu'il faut que l'entraînement des élèves comprenne des simulations.

Les visualisations

Les visualisations sont également une évidence scientifique. Là aussi, je vous renvoie au chapitre *Entraînement*.

8 La dissuasion

LA DISSUASION COMPORTEMENTALE

Notre manière de nous comporter, de nous tenir, de marcher, de regarder les autres dans les yeux, d'observer notre entourage, etc. trahit notre personnalité et notre caractère.
Le simple fait d'avoir une démarche décidée, une attitude forte, de la présence, de ne pas regarder le sol mais d'avoir la tête haute permet de se faire respecter et de dissuader certains agresseurs.

UNE ATTITUDE FORTE ET DÉTERMINÉE PERMET DE SE FAIRE RESPECTER PAR DES AGRESSEURS POTENTIELS MAIS ÉGALEMENT DE LA FAMILLE, DES AMIS, DES COLLÈGUES DE TRAVAIL.

Votre démarche, votre attitude joue un rôle essentiel face à un type d'agresseur : l'agresseur d'opportunité. Celui qui erre en ville ou dans les corridors de votre immeuble à la recherche d'une victime. Il peut avoir plusieurs intentions : voler, frapper et/ou violer.
Comme ce type d'agresseur n'a pas de personne particulière en tête, il recherche la facilité. Il existe suffisamment de femmes (et d'hommes) inconscientes qui se promènent seules la nuit, qui se retrouvent seules dans des endroits peu fréquentés ou qui ne sont pas attentives à leur entourage. Si une femme lui paraît avoir trop de caractère, lui paraît trop énergique, il y a de fortes chances pour que ce type d'agresseur décide de s'en prendre à une autre. Un simple regard dur, froid, déterminé, peut suffire dans certaines situations, contrairement à des paroles comme : « Laissez-moi, mon mari va rentrer… », qui démontrent que vous n'êtes pas sûre de vous, que vous comptez sur les autres pour vous venir en aide.

La dissuasion comportementale est également importante pour les agents de sécurité travaillant, par exemple, dans les discothèques. Le premier contact avec les personnes qui pourraient semer le trouble se fait à l'entrée. Celles-ci jaugent parfois le service de sécurité dès leur arrivée. Si les agents sont confiants et sûrs de leur capacités à maîtriser les fauteurs de troubles, ces derniers peuvent le sentir et décider de rester calmes. Bien sûr, certaines personnes se moquent des qualités des agents ou ne réfléchissent plus à rien lorsqu'ils créent des problèmes (ils sont sous l'emprise de l'alcool, de leur rage, de leur bêtise, etc.). Mais une attitude confiante et forçant le respect permet aux agents de diminuer le nombre de bagarres.

C'est au moment de la fouille corporelle que l'agent a véritablement la possibilité de « faire passer son message » à ceux dont il pense qu'ils pourraient créer des problèmes. C'est à ce moment-là qu'il peut bien regarder les personnes dans les yeux et les fouiller de manière énergique (mouvements fermes). Le regard et la gestuelle transmettent notre force de caractère.

LA DISSUASION VERBALE

J'ai la même critique à faire aux psychologues qu'aux maîtres de sports de combat : tant que l'on ne s'est pas trouvé à plusieurs reprises dans des situations où sa propre vie est en réel danger et lorsqu'on ne s'est jamais penché sur les effets du stress sur nos capacités physiques et mentales, il faut s'abstenir de donner des conseils de défense. La grande majorité des professeurs de sports de combat, self-defence et arts martiaux n'exercent pas une activité dans le domaine de la sécurité. Ils ne travaillent pas à l'entrée des discothèques, ils ne sont pas agents de sécurité ou policiers. Ils n'ont donc pas ou peu vérifié l'efficacité de leur sport dans une situation réelle.

Nous avons vu dans le chapitre *La science et le combat* à quel point nos capacités physiques et mentales sont diminuées par une forte augmentation du rythme cardiaque. Il est totalement illusoire de penser que l'on aura les capacités et/ou le temps d'analyser le profil psychologique de l'agresseur, de trouver les mots pour le calmer, de comprendre les problèmes qu'il a et qui le poussent à nous vouloir du mal.

LA RÉPONSE À UN AGRESSEUR, QUEL QU'IL SOIT, DOIT ÊTRE INVARIABLEMENT NON !

– Pars, laisse-moi !
– Non ! Pars !
Le tutoiement ou le vouvoiement n'a pas grande importance. Cependant, il ne faut pas provoquer ou insulter l'agresseur, cela risque de le vexer et de le rendre plus violent, surtout s'il est accompagné : celui qui se sera senti provoqué ne voudra pas « perdre la face » vis-à-vis des autres et attaquera.

La majorité des cours d'auto-défense pour femmes met trop l'accent sur la dissuasion verbale en discutant de la psychologie des agresseurs et des différentes manières de leur parler, de les calmer.

Cela m'énerve au plus haut point car cela sous-entend que les femmes ont fortement intérêt à parvenir à dissuader leur agresseur par la parole parce qu'elles ont peu de chance de le battre physiquement. Cette approche de la défense féminine est fausse car vous êtes les égales des hommes au combat. Cela fait partie de tout le système qui contribue à diminuer votre confiance en vous. Et le mythe des hommes plus forts que les femmes est à nouveau nourri...

En outre, réfléchir à la situation et analyser le comportement de l'agresseur empêche votre conditionnement et votre entrée en état de refus absolu ou en état reptilien. Le fait de parler sobrement et fermement à votre agresseur vous permet de conditionner votre détermination, contrairement à une analyse psychologique qui noie votre focalisation à la survie.

PARVENIR À OPPOSER UN « NON ! » FERME ET DÉTERMINÉ PERMETTANT DE DISSUADER VOTRE AGRESSEUR DÉPEND À NOUVEAU DE VOTRE FORCE DE CARACTÈRE, DE VOTRE AMOUR-PROPRE, DE VOTRE REFUS ABSOLU DE SUBIR.

9 L'entraînement

La part la plus importante de votre entraînement n'est pas physique mais mentale. Ce qui est primordial est de se respecter soi-même, se faire respecter des autres et oser blesser l'agresseur lorsque la fuite n'est pas possible. Le point le plus important est la construction du respect de votre personne, de votre refus de subir, de votre mental.

L'ENTRAÎNEMENT MENTAL

Exigez le respect

Voir le chapitre *Votre détermination.*

Observez les animaux

Lorsque les chats se battent, leur corps entier paraît empli d'électricité. Ils ne donnent pas des coups de griffes ou des coups de dents musculaires mais nerveux. Les coups nerveux ou frappes électriques sont beaucoup plus puissants, rapides et destructeurs que les coups musculaires (coups « réfléchis », « pensés »). Vous devez procéder de la même manière à chaque fois que vous cherchez à vous dégager d'une saisie. Il faut effectuer un mouvement de retrait nerveux.

Essayez de retenir un chat qui se débat… Un chat pèse environ 4 kilos, imaginez alors l'impossibilité pour l'agresseur de vous retenir si vous vous débattez à la manière d'une chatte…
Chat : état reptilien.
Vous : état de refus absolu ou état reptilien.
Si vous entendez des chats qui se battent dans la rue, essayez de les approcher pour les observer. Stockez leur formidable énergie dans votre mémoire et dans votre corps. Remémorez-vous ensuite régulièrement leur combat et leur détermination. Regardez les documentaires animaliers, plus particulièrement ceux concernant les reptiles et les félins.
Allez au zoo, observez et ressentez les animaux et leur instinct. Imprégnez-vous de toutes ces images, stockez-les dans votre mémoire et pensez-y régulièrement. Pensez à la belette entre les serres du milan…

Affrontement de vos appréhensions et de vos peurs

Un des moyens de développer un mental et une détermination d'acier est d'établir une liste des choses que vous appréhendez de faire ou qui vous font peur. Établissez la liste dans l'ordre croissant des difficultés à surmonter. La liste peut aller par exemple de la peur de chanter au karaoké ou de descendre seule à la cave, à la peur de sauter en parachute ou de monter dans un ascenseur. Chaque petite, puis moyenne, épreuve surmontée vous permettra de vous rapprocher d'épreuves plus conséquentes et de les surmonter également. Certaines peurs demandent plusieurs étapes (jours, semaines) pour être vaincues.

Je n'osais pour ma part pas prendre la mygale d'un ami dans les mains. J'ai commencé par me forcer à rester près de la table sur laquelle il la dépose lorsqu'il la sort du vivarium. Quelques jours plus tard, j'acceptai qu'il la pose sur mon avant-bras. La dernière étape, après plusieurs tentatives, fut de la prendre enfin dans mes mains.

L'exercice ne consiste pas à vous forcer à faire des choses qui ne vous intéressent pas. Posez-vous simplement la question : est-ce que cela ne m'attire pas ou est-ce que je n'ose pas le faire ? Il est évident qu'il n'est pas nécessaire de parvenir à saisir une araignée ou de faire un saut à l'élastique, mais lorsque l'on a compris l'apport que cela peut apporter au développement de notre détermination et de notre capacité à tout réussir, l'exercice prend toute sa valeur.

Le renforcement de votre force mentale vous aidera à vous plonger en état de refus absolu, peut-être même en état reptilien mais également d'être plus efficace dans votre vie professionnelle, dans vos projets et dans les sports que vous pratiquez.

Visualisations

Imaginez les différentes situations de danger que vous pourriez rencontrer et l'attitude, les réactions correctes à leur opposer. Visualisez-vous dans toutes sortes de situations de dissuasion comportementale, verbale et de réponses physiques (dans toutes les différentes positions de combat).

Il ne faut évidemment pas devenir parano et penser tous les jours à une agression… Mais le simple fait de faire quelques minutes de visualisations par mois vous permet de vous pré-conditionner aux réactions correctes à avoir face à chaque type d'agression.

De plus, le fait de vous imaginer victorieuse a un excellent effet sur votre mental et votre confiance en vous puisque vous vous représentez des agresseurs battus.

Imaginez également les paroles très obscènes que peut avoir l'agresseur afin de ne pas être encore plus déstabilisée en situation réelle. Les paroles de l'agresseur peuvent être aussi déstabilisantes que sa présence physique ou ses coups.

L'ENTRAÎNEMENT PHYSIQUE

Entraînement réaliste de situation et simulations d'agressions

La meilleure séance d'entraînement physique est celle se rapprochant le plus d'une situation réelle. Les instructeurs deviennent alors des comédiens. Protégés par un casque et des protections sur tout le corps, ils jouent le rôle des différents types d'agresseurs.

L'élève se retrouve seule, le plus souvent dans la pénombre, face à un ou plusieurs agresseurs. L'élève se trouvera dans toutes les situations et positions et pourra frapper sans retenue. Dans certaines situations, elle aura la possibilité de tenter de dissuader verbalement l'agresseur et dans d'autres pas car l'agresseur ne lui en aura pas laissé le temps.

Les simulations sont pratiquées en majorité dans le noir pour deux raisons : cela permet d'augmenter le stress de l'élève et permet aux instructeurs de mieux jouer les agresseurs car il est encore plus difficile de traiter les élèves avec pareil mépris en plein jour…

Les simulations se font d'abord en salle puis en situation : endroits clos, cabine téléphonique, salle de bains, vestiaire, pièce avec présence de meubles gênants, parking, dans une voiture, entre des voitures, sur un chemin forestier, de nuit, etc. L'entraînement dans la forêt, après que l'élève a marché seule environ 300 mètres, est le meilleur. L'élève ne se sent quasiment

plus à l'entraînement et lorsque « l'agression » commence, les entraîneurs deviennent presque de véritables agresseurs... c'est cela le but recherché.
Mais je ne vais pas ici parler de tous les détails de la préparation des simulations, ni de l'équipement.

Il faut savoir qu'un entraînement donné en salle de sport, en pleine lumière, avec les copains et les copines et une ambiance sympathique ne prépare absolument pas à affronter une agression réelle.

Un certain nombre de facteurs sont essentiels à un véritable entraînement. Tous les cours de self-defence devraient scrupuleusement tenir compte de ces facteurs :

- les simulations d'agression permettant à l'élève de se plonger en état de refus absolu ou d'en comprendre la nécessité ;
- la gestion du stress et du temps de réaction pour les personnes ne parvenant pas à se plonger en état de refus absolu (à l'entraînement ou en situation réelle) ;
- les combats dans les quatre domaines de la défense (debout à distance, debout au corps à corps, victime au sol et agresseur(s) debout, victime et agresseur(s) au sol) ;
- les coups réalistes (Survival, blesser l'agresseur) ;
- les frappes réelles (entraîneurs entièrement protégés) ;
- la dissuasion verbale ;
- la solitude de l'agressée (sans la présence des autres élèves) ;
- les gestes, les paroles, le ton des agresseurs.

Un excellent exercice (mais qui trahit les principes élémentaires de la prévention) est de marcher ou courir la nuit dans des endroits déserts et très peu éclairés comme le bord d'un lac ou dans une forêt. La tension qui en résulte réveille notre instinct et permet d'approcher notre cerveau reptilien. C'est l'un des exercices qui nous permettent d'avoir plus de chances, lors d'une confrontation réelle, de nous plonger dans cet état animal qui rend capable d'opposer à l'agresseur des coups d'une violence inouïe et de n'éprouver aucune pitié.

Il existe d'autres formes d'entraînement (entraînement reptilien) qui sont très efficaces mais dangereuses. Je ne les développerai pas ici.

Entraînement personnel

Mettez vos mains en position patte du félin et observez-les longuement. Dites-vous qu'elles sont les mâchoires d'un crocodile ou les griffes d'un félin. Visualisez vos cibles. Faites les mouvements d'arrachages et d'enfoncements lentement puis sèchement, nerveusement. Visualisez-vous déterminée, puis enragée, puis « autre ».
Entraînez-vous également avec d'autres personnes, simulez les coups dans toutes les différentes positions. Posez vos doigts sur les oreilles et les yeux de votre partenaire d'entraînement et visualisez les arrachages et les enfoncements. Simulez les frappes aux tibias et genoux.

Entraînement sportif

Quel(s) que soit (soient) le(s) sport(s) que vous pratiquez, essayez toujours d'atteindre vos plus lointaines limites. Entraînez-vous à fond, cela participera au développement de votre mental. En ce qui me concerne, je pratique très régulièrement la course à pied et le vélo jusqu'à en « vomir mes poumons ». Je fais de même en boxe, lors de l'entraînement sur le sac de frappe.

L'augmentation de vos capacités sportives augmentera votre confiance en vous et votre estime personnelle, ce qui facilitera votre entrée en état de refus absolu ou en état reptilien.

VOTRE EXIGENCE D'ÊTRE RESPECTÉE PAR TOUT VOTRE ENTOURAGE AINSI QUE CES DIFFÉRENTES FORMES D'ENTRAÎNEMENTS (MENTAL ET PHYSIQUE) CONSTITUENT LES PONTS PERMETTANT D'ATTEINDRE L'ÉTAT DE REFUS ABSOLU ET L'ÉTAT REPTILIEN.

En cas d'incapacité, par manque de respect de sa personne, à atteindre l'un ou l'autre de ces états, ces exercices permettent tout de même à la victime de diminuer l'augmentation de son rythme cardiaque et son temps de réaction, d'être moins bloquée et de conserver des capacités physiques afin d'opposer tout de même une résistance à son agresseur.

10 Applications et coups

Ne croyez pas que ce chapitre est le plus important du livre ! Il est peut-être, au contraire, le moins important car, souvenez-vous, le combat est avant tout mental. Les coups du Survival sont et doivent être simples.

Après avoir lu ce chapitre vous aurez certainement l'impression de ne pas avoir appris grand-chose, si ce n'est qu'il faut attaquer le nez ou les tibias, les oreilles ou les yeux de votre agresseur.

C'est parce que je n'ai rien à vous apprendre ! Vous savez déjà tout ! Le combat est en vous, le reptile est en vous.

TOUT COMME LES ANIMAUX, NOUS N'AVONS PAS À APPRENDRE À NOUS DÉFENDRE. CE QU'IL FAUT, C'EST LAISSER LA POSSIBILITÉ AU « REPTILE EN NOUS », À LA « BÊTE », DE S'EXPRIMER.

Il faut nous donner les moyens de parvenir à nous plonger en état de refus absolu ou en état reptilien. C'est pourquoi il ne faut pas s'encombrer la tête avec des techniques qui nous obligent à réfléchir, nous empêchant de passer de l'autre côté, de nous plonger en état de « non-réflexion ».

À travers ce livre, je vous donne simplement les clés vous permettant de libérer l'animal qui se trouve dans votre cerveau reptilien : votre instinct. Laisser-le faire, laissez-le vous protéger.

DEVENEZ CET AUTRE EN VOUS, AGRESSEZ VOTRE AGRESSEUR !

Je tiens à citer ici les article 122-5, 122-6, 122-7 du Code pénal concernant la légitime défense. Il est faux de penser que l'on peut frapper uniquement après avoir été frappé. Si vous sentez que la personne que vous avez en face de vous a l'intention de vous agresser, vous n'avez pas à attendre qu'elle mette sa menace à exécution, menace verbale et/ou comportementale.

☞ **Art. 122-5**

N'est pas pénalement responsable la personne qui, devant une atteinte injustifiée envers elle-même ou autrui, accomplit, dans le même temps, un acte commandé par la nécessité de la légitime défense d'elle-même ou d'autrui, sauf s'il y a disproportion entre les moyens de défense employés et la gravité de l'atteinte.

N'est pas pénalement responsable la personne qui, pour interrompre l'exécution d'un crime ou d'un délit contre un bien, accomplit un acte de défense, autre qu'un homicide volontaire, lorsque cet acte est strictement nécessaire au but poursuivi dès lors que les moyens employés sont proportionnés à la gravité de l'infraction.

☞ **Art. 122-6**

Est présumé avoir agi en état de légitime défense celui qui accomplit l'acte :

- *pour repousser, de nuit, l'entrée par effraction, violence ou ruse dans un lieu habité ;*
- *pour se défendre contre les auteurs de vols ou de pillages exécutés avec violence.*

☞ **Art. 122-7**

N'est pas pénalement responsable la personne qui, face à un danger actuel ou imminent qui menace elle-même, autrui ou un bien, accomplit un acte nécessaire à la sauvegarde de la personne ou du bien, sauf s'il y a disproportion entre les moyens employés et la gravité de la menace.

Peut-être me trouvez-vous extrémiste. Peut-être trouverez-vous ces coups et cette méthode trop durs... Peut-être préférerez-vous tenter un coup de coude ou un écrasement d'orteils. Ou peut-être vous sentez-vous incapable d'arracher une oreille ou d'enfoncer vos doigts dans les yeux de votre agresseur. C'est votre choix.

Mais sachez que si vous n'osez pas lui enfoncer vos doigts dans les yeux, lui n'hésitera pas à vous fracasser le crâne contre le mur. Vous n'osez pas lui arracher l'oreille ? Votre agresseur n'hésitera pas à vous sodomiser. Il faut absolument que vous parveniez maintenant à voir la vérité en face. Avant de la vivre...

En lisant les pages suivantes, souvenez-vous que vous êtes seule et que nous ne parlons pas de sport, qu'il n'y a :

- pas d'arbitre pour stopper votre agresseur si vous « dérouillez » trop ;
- pas de médecin au bord du ring pour soigner vos blessures ;
- pas d'annonce de début et de fin de combat, pas de temps de repos ;
- aucune règle, pas de coups interdits ;
- aucun esprit sportif et pas de code d'honneur.

COUPS DEBOUT

Les deux premiers coups

- Attaque du nez et/ou du tibia et du péroné de l'agresseur *(fig. 2* et *fig. 3)*.

Ces coups sont plus « doux » et sont à utiliser lorsque vous pensez que votre agresseur ne cherche pas à vous blesser véritablement, à vous tuer ou à vous violer et que cela suffira à le dissuader. Ce sont les coups à donner par exemple à celui qui vous met la main aux fesses ou qui vous saisit le bras dans un endroit public. Par contre, si vous sentez que vous êtes en grave danger et que la fuite n'est pas possible, attaquez ses yeux ou arrachez-lui une/les oreille(s). Il ne faut jamais essayer d'analyser la situation, vous devez suivre votre instinct : si « ça pue », réagissez immédiatement, sans retenir les coups !
Dans tous les cas, mieux vaut trop blesser l'agresseur que pas assez, c'est tout de même lui qui a provoqué la situation !
Better to be tried by twelve than carried by six (« Mieux vaut être poursuivi (plainte, procès) par douze que porté par six »).

Fig. 1

Position de dissuasion et d'attaque

Ceci est la position à prendre lorsque vous en avez le temps. Vos mains sont levées, prêtes à frapper. C'est dans cette position que vous tentez de dissuader verbalement votre agresseur.
S'il s'avance, vous pouvez reculer quelque peu tout en continuant de lui parler fermement. Mais ne reculez pas plus de deux mètres, et s'il continue à avancer, frappez-le!

L'AGRESSION COMMENCE AU MOMENT OÙ VOTRE INSTINCT VOUS DIT QUE VOUS ÊTES EN DANGER. VOUS DEVEZ RÉAGIR IMMÉDIATEMENT.

Les deux coups « plus doux » les plus efficaces

Fig. 2

Frappe avec la paume de la main sur le nez ou sous le menton

Une frappe sèche sur le nez est douloureuse et provoque rapidement la venue des larmes.
Frappez en piston, droit devant vous. Frappez nerveusement avec détermination. Même si son visage se trouve à 20 cm du vôtre et que par conséquent votre prise d'élan est quasi nulle, en frappant nerveusement, vous parviendrez à lui éclater le nez. Si votre agresseur est bien plus grand que vous, frappez-le sous le menton.
Une gifle n'est pas efficace pour plusieurs raisons :

- Cela ne blesse pas.

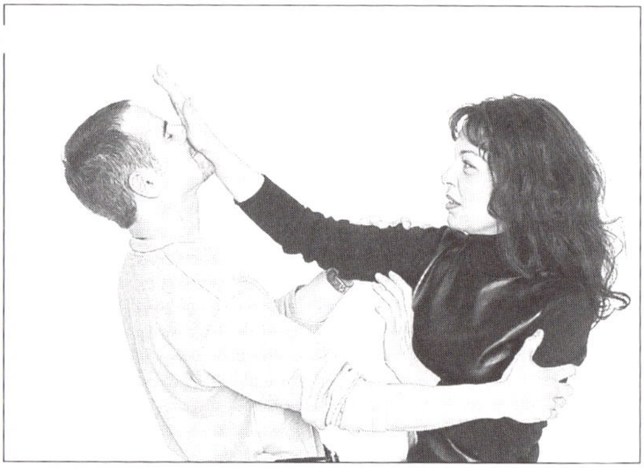

- Une gifle peut terriblement vexer l'agresseur et le rendre encore plus mauvais (tout comme une attaque ratée sur les parties génitales, comme je l'expliquerai plus loin).

Fig. 3

Coup de pied dans les tibias

Le tibia et le péroné constituent une excellente cible :

- Ils sont fragiles.
- Ils forment une grande cible, ils sont longs. Vous pouvez frapper n'importe où sur une longueur de 30 cm environ. Le genou, par contre, ne mesure que 10 cm et est placé plus haut. Cela vous force à devoir le viser, le regarder avant de frapper, ce qui a le désavantage de prévenir l'agresseur, de lui permettre de se retirer. En outre, plus on frappe une cible haute, plus on perd en puissance et en rapidité.
- La grande majorité des gens ne se battent pas avec les jambes, ils ne regardent que le haut du corps de leur adversaire, c'est la raison pour laquelle votre agresseur vous « exposera » ses jambes et ne verra pas venir le coup.

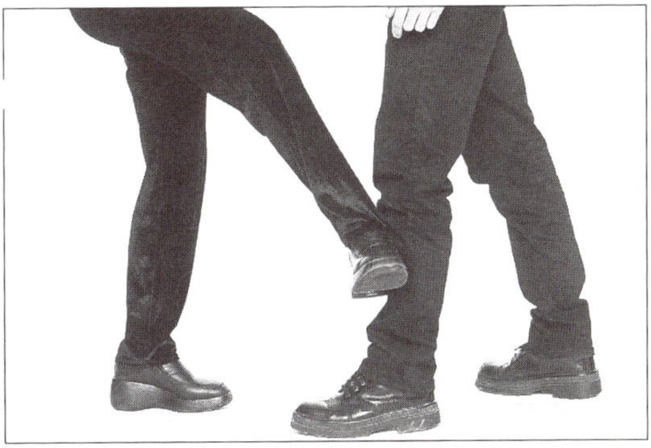

Ne regardez pas sa jambe avant de frapper, vous n'avez pas besoin de viser.

- J'appelle ce coup de pied « coup de pied reptilien » car c'est le coup de pied que les enfants donnent lorsqu'ils se défendent, alors que personne ne le leur a appris ! Je pense que les premiers hommes le donnaient. C'est le coup de pied humain naturel. Le coup de pied humain originel.

Frappez nerveusement du plat du pied, pas avec la pointe car vous pourriez manquer la cible. Le coup de pied reptilien est en fait le seul coup définitif (lorsqu'il y a casse du péroné) qui ne blesse pas gravement l'agresseur. Une fracture du péroné (et parfois même du tibia) n'a pas les mêmes conséquences qu'une crevaison des yeux ou l'arrachage de l'oreille. Ce coup de pied présente donc l'avantage d'être plus « doux » mais tout de même définitif lorsqu'il est bien donné.

Les coups durs : la patte du félin

Fig. 4

Les coups suivants sont durs. Ils blessent gravement. Ces coups ne font pas que repousser l'agresseur, ils le mettent hors d'état de nuire.
Pour l'arrachage de l'oreille comme pour l'attaque des yeux, la position de la main est la même: la patte du félin ou tiger claw (fig. 4).
Tous les coups doivent être donnés nerveusement, avec explosion, de la même manière que votre cerveau reptilien vous permet d'effectuer un mouvement d'une extrême rapidité pour retirer votre main lorsque vous vous brûlez par exemple. Ces coups nerveux sont beaucoup plus puissants et rapides et ne demandent pas de prise d'élan. Les maîtres du Dim-Mak appellent cela le Fa-jing (voir lexique). Lorsque votre instinct vous dit que vous êtes en grave danger, n'hésitez pas !

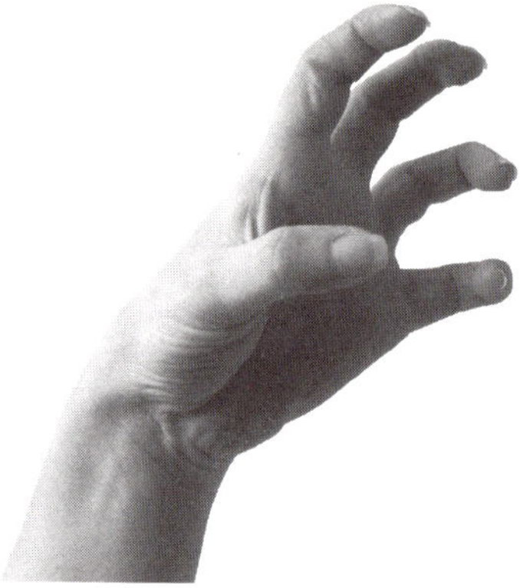

LES ANIMAUX SONT LES PLUS GRANDS COMBATTANTS, IL FAUT UTILISER NOS MAINS COMME ILS UTILISENT LEURS PATTES ET LEUR GUEULE.

Fig. 5

Arrachage de l'oreille

Saisissez son (ses) oreille(s) à pleine main et tirez violemment, nerveusement vers le bas en criant votre détermination : l'effet est instantané, il tombe à genoux en hurlant…
Une oreille est très fragile et peut se décoller à deux doigts.
Il y a une grande différence entre une coupure et un déchirement. Un coup

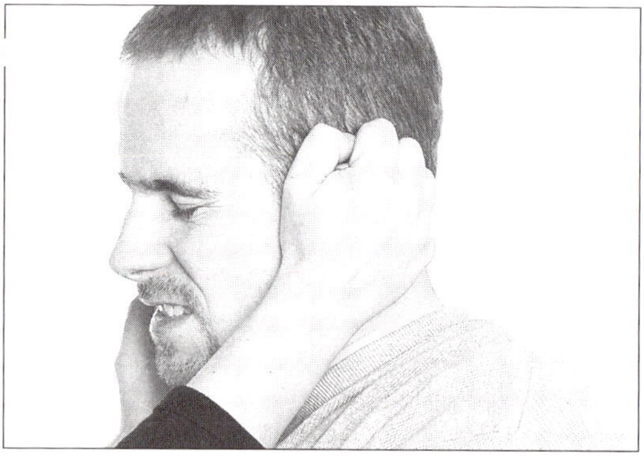

•••

•••

de couteau sur l'avant-bras, l'épaule ou la cuisse n'est pas douloureux sur le moment. Par contre, lorsque la peau est déchirée, la douleur est beaucoup plus vive et surtout instantanée.

Je me suis un jour amusé à taquiner une petite fille de quatre ans. Je la chatouillais pour l'énerver. Elle piqua tout à coup une colère et me tira l'oreille à pleine main. Elle me déchira à peine deux millimètres de la jonction du haut mais cela me refroidit instantanément...

Personne ne lui avait appris ce coup, elle le fit instinctivement. C'est après cette expérience que, parallèlement à mon observation des animaux, j'ai commencé à observer les enfants de moins de six ans. Les enfants de cet âge sont en fait les seuls humains à se battre naturellement, leur méthode de défense n'ayant pas encore été polluée par des techniques de combat inventées par les hommes.

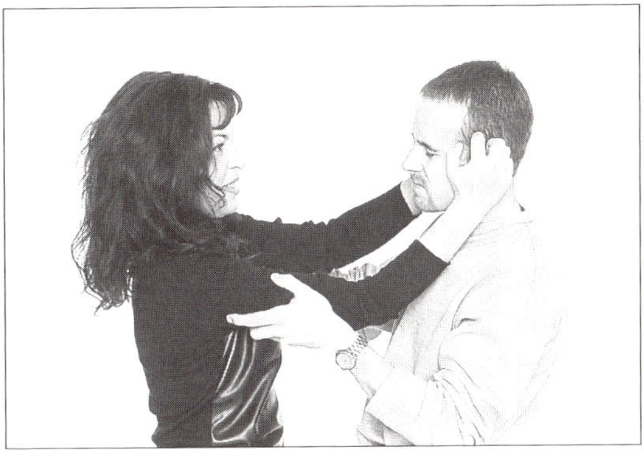

J'ai rapidement constaté que l'unique coup de pied que les enfants donnent (également sans qu'on le leur ait appris) est le coup de pied reptilien.

Fig. 6

Enfoncement, crevaison des yeux

La position des mains est la même. Frappez les yeux nerveusement en criant. Aucun doigt particulier ne vise tel ou tel œil, vos cinq ou vos dix doigts visent les deux yeux et l'un d'eux fera mouche.

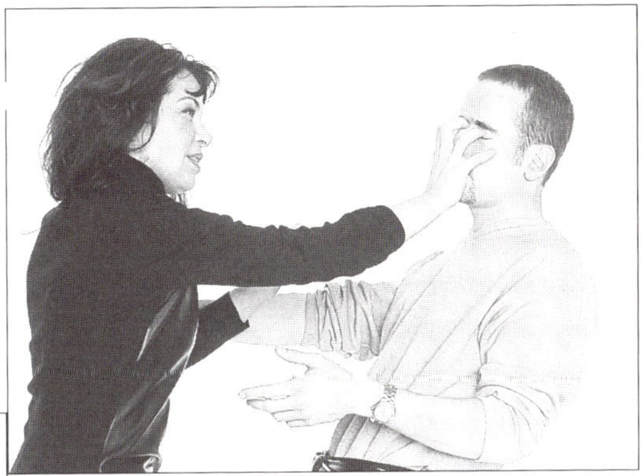

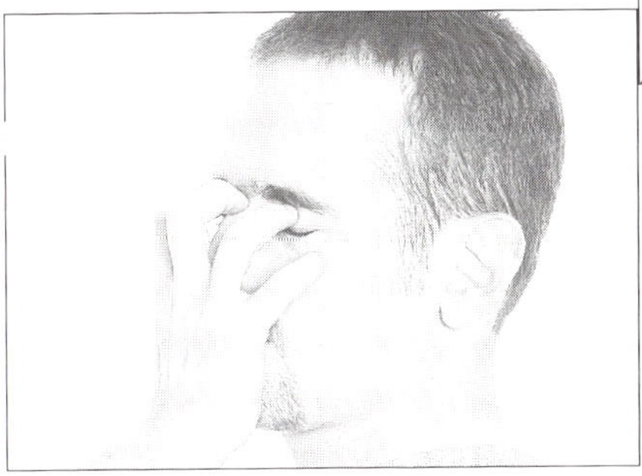

Fig. 7

Il vous saisit le poignet

Cela ne doit pas vous arriver ! Quel que soit l'endroit dans lequel vous vous trouvez, vous devez être à chaque instant attentive à votre entourage et ne jamais vous laisser surprendre, saisir. En tirant nerveusement vous pouvez dégager votre poignet, même si l'agresseur est beaucoup plus fort (musculairement) que vous et vous retrouver dans la position de dissuasion et d'attaque.
L'agresseur attaquera très rarement sa victime avec les poings car il ne pense pas devoir la frapper pour la maîtriser et les personnes ne sachant pas se battre correctement commencent la confrontation par une lutte (saisie du poignet, des épaules, du cou, etc.).
Les hommes entre eux, le plus souvent, ne se donnent pas dès le début des coups de poings. Ils s'empoignent et finissent très souvent la confrontation au sol.
L'agresseur donnera des coups à sa victime si celle-ci résiste trop longuement. Il commencera parfois par la gifler.

Face à votre agresseur, vous avez donc dans la majorité des cas la possibilité de frapper la première. Lorsqu'une attaque est imminente, frapper la première est légal, vous n'avez pas à attendre que votre agresseur frappe le premier. Sur ce point au moins, la loi est bien faite…

Fig. 8

Lorsque votre instinct vous dit que vous pouvez vous permettre d'être « douce », un coup dans les tibias peut suffire. Mais lorsqu'il est donné avec suffisamment d'explosion (casse), ce coup est également définitif.

Fig. 9

Si votre instinct vous dit d'opter pour un coup plus facilement radical, arrachez-lui l'oreille.

Fig. 10

Ou attaquez ses yeux. J'ai remarqué que mes élèves préfèrent l'arrachage de l'oreille car cette dernière peut se recoudre, contrairement aux lésions irréversibles d'un enfoncement des yeux. Je n'aurais pour ma part aucun remords à enlever la vue à mon agresseur si ma vie ou mon intégrité physique était en jeu.
L'avantage de l'arrachage de l'oreille est qu'il n'y a pas ou moins de contact avec le sang et les muqueuses.

Fig. 11

Vous pouvez enfoncer les yeux de votre agresseur à l'aide de vos pouces lorsque vous avez un contact plus rapproché avec lui. Dans ce cas ne projetez pas vos doigts dans ses yeux mais posez vos mains sur son visage et enfoncez nerveusement vos pouces. À nouveau, ce mouvement n'est pas musculaire, il ne faut pas presser mais enfoncer vos pouces en une fraction de seconde. La position de vos mains est toujours la même, la patte du félin.

Fig. 12

Étranglement de face

Il s'agit là d'une figure facile : les deux mains de votre agresseur sont occupées sur votre cou, vous avez donc les deux vôtres libres pour lui arracher ses deux oreilles ou attaquer ses yeux. Ne faites pas l'erreur de faire une lutte musculaire en tentant de dégager votre cou car votre agresseur est certainement musculairement plus fort que vous. Et même si vous parveniez à vous dégager, que feriez vous ensuite ?

Un coup de genou dans les parties génitales est efficace, s'il passe… Je ne préconise pas ce coup pour plusieurs raisons :

- Ce coup est connu des hommes qui s'attendent à recevoir un coup de genou à cet endroit. Ils y font très attention car l'une des plus grandes douleurs physiques qu'ils aient pu ressentir dans

•••

•••

leur vie provenait de leur entrejambe (balle de tennis, de foot, coups).

- Ce n'est pas un coup aussi facile qu'il y paraît. Vous risquez de frapper sa cuisse ou de le frapper trop de face. C'est en amenant votre genou vraiment sous les testicules que le coup est le plus efficace.
- Si un homme se rend compte que vous tentez de lui frapper l'entrejambe, il risque de devenir encore plus mauvais car vous vous attaquez à sa virilité et le blessez dans son orgueil. La saisie ou l'écrasement des parties génitales avec la main est plus sûre et plus efficace.

Fig. 13

Étranglement latéral

L'étranglement latéral ainsi que l'étranglement de dos sont utilisés le plus souvent pour déplacer la victime, la mener dans un endroit choisi. Cela, tout comme les autres saisies, ne doit pas vous arriver. Vous devez à chaque instant être attentive à votre entourage et réagir avant que l'on vous saisisse.

Lorsque votre agresseur vous étrangle de cette manière, ses deux mains sont occupées autour de votre cou, ce qui veut dire que les vôtres sont libres de s'attaquer à leurs cibles. Dans le cas présent, l'une de vos mains attaque son oreille, l'autre « écrabouille » ses parties.

« Écrabouiller », le mot n'est pas trop fort : si en état de détermination absolu, vous saisissez nerveusement ses parties, vous pouvez littéralement les écrabouiller. Le scrotum est très fragile et peut se broyer. Vous parviendrez à faire

•••

...

un maximum de dégâts, même s'il porte un jeans épais et tendu. Par contre, si vous faites une saisie musculaire, vous ne serez pas assez rapide (les hommes ont des réflexes décuplés lorsqu'ils sont attaqués à cet endroit) et pas assez puissante.
Lors de démonstrations et de certains entraînements, je place un kiwi ou une mandarine entre les jambes de l'agresseur pour que les élèves prennent conscience des dégâts qu'elles peuvent causer. L'image du fruit écrasé est excellent pour leur confiance en elles.

Fig. 14

Étranglement de dos

Sur la photo, l'agressée a les deux mains libres, ce qui lui permet d'attaquer les deux oreilles. L'agresseur pourrait vous saisir un bras avec sa main libre, ce qui vous laisserait toujours la possibilité d'attaquer une oreille.
Vous pouvez vous dégager le bras saisi en vous débattant nerveusement. Force nerveuse contre force musculaire : vous gagnez, quels que soient sa force, son poids.

Vous avez également la possibilité de saisir ses parties génitales pour les broyer ou les frapper, toujours avec la même position de la main, la patte du félin.

Fig. 15

Il vous saisit à la taille, de face

Vos mains sont libres pour arracher ses oreilles.
Vous pouvez également enfoncer vos pouces dans ses yeux.
Une autre possibilité est de le mordre. Mordre et arracher le nez, les joues, les lèvres, les oreilles ou même les tempes.
Je le répète : les morsures, tout comme les frappes, les arrachages et les enfoncements doivent s'effectuer dans un mouvement nerveux. Les morsures sont préconisées surtout dans le cadre d'un viol collectif, lorsque les mains de l'agressée sont immobilisées par les comparses de celui qui est couché sur elle.
Il ne faut également pas hésiter à mordre le pénis ou le scrotum de l'agresseur si ce dernier cherche à forcer sa victime à lui faire une fellation.

Fig. 16

Clé de bras dans le dos

Si vous êtes attentive et réagissez dès que l'on vous saisit la main ou le poignet, vous ne vous retrouverez pas dans cette position.
Dégagez nerveusement votre main sur laquelle n'est pas effectuée la clé et cherchez son oreille pour l'arracher.
Une autre possibilité est d'effectuer, dans un mouvement nerveux, une rotation du côté du bras sur lequel la clé est effectuée…

Fig. 17

... afin de vous dégager et de vous retrouver face à lui pour attaquer, à nouveau, ses oreilles, ses yeux ou lui donner un coup de pied reptilien dans le tibia.

Fig. 18

Saisie à la taille, par-derrière, bras immobilisés

Même s'il vous serre très fort et que vos bras sont immobilisés devant vous, vous parviendrez à faire passer une main vers l'arrière pour atteindre ses parties génitales et les serrer nerveusement en une fraction de seconde.

Vous pouvez également frapper ses parties génitales, toujours avec la même position de la main. Même si votre main ne bénéficie que de 20 cm d'élan, en

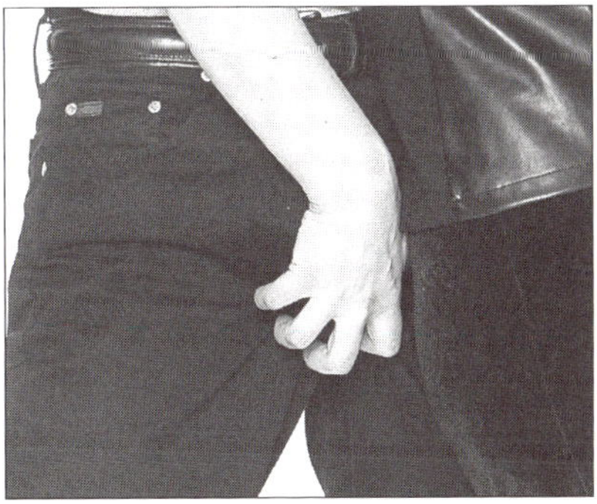

frappant à nouveau nerveusement, votre coup sera efficace.

En vous débattant nerveusement avec détermination, vous parviendrez à vous dégager de sa prise pour vous retrouver face à lui, avec les deux mains libres. Vous attaquerez à nouveau ses oreilles, ses yeux, ses parties génitales ou ses tibias.

Fig. 19

Que vous parveniez ou non à blesser véritablement ses parties génitales, son réflexe est de porter ses mains sur le point douloureux, ce qui vous permet de vous retourner pour vous retrouver face à lui afin de lui arracher les oreilles ou d'attaquer ses yeux. Vous avez également la possibilité de lui donner un coup de pied reptilien dans le tibia.

Fig. 20

Saisie par-derrière à la taille, bras immobilisés

Dégagez, dans un mouvement nerveux, l'une de vos mains et saisissez-lui une oreille pour l'arracher. Ou bien passez nerveusement l'une de vos mains dans votre dos afin de saisir ses parties génitales et de les écraser nerveusement.
Vous pouvez également lui donner des coups de tête (arrière de votre crâne) dans les dents et sur le nez.
S'il est bien plus grand que vous, frappez sa mâchoire inférieure avec le sommet de votre crâne. Il se cassera les dents les unes sur les autres et se mordra très douloureusement la langue.

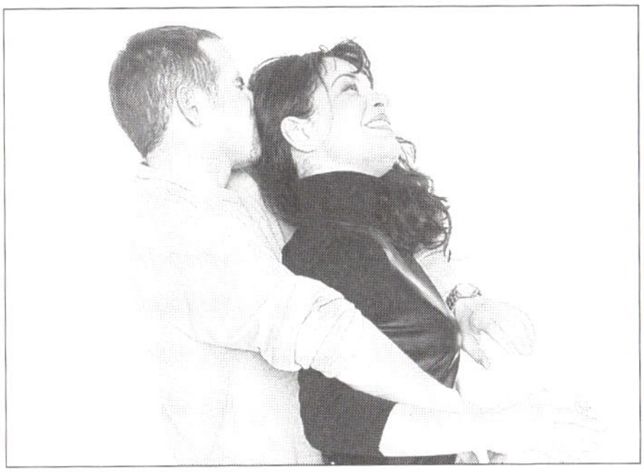

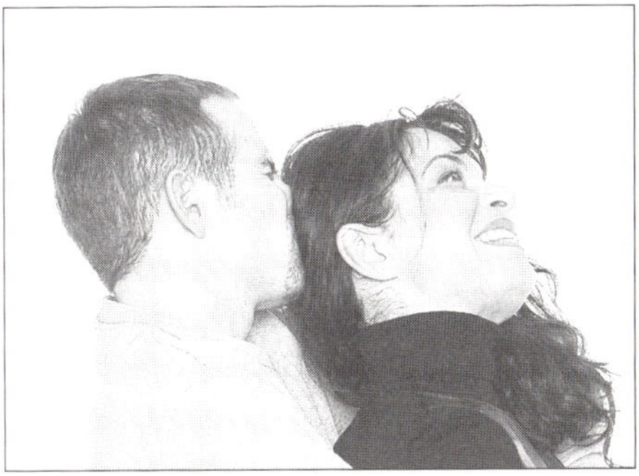

Fig. 21

Saisie par-derrière à la taille, un ou deux bras libres

Attaquez immédiatement ses oreilles (ou saisissez et frappez ses parties génitales).
Dans tous les cas, lorsqu'il vous saisit, à une ou deux mains, debout comme au sol, en vous débattant nerveusement, à la manière d'une chatte qui refuse d'être portée, vous parviendrez à vous dégager.

Le Survival est très simple:
– peu de cibles ;
– peu de coups ;
pas de techniques ;
– pas de jeu de jambes.

Les coups « propres » comme les coups de coude dans le ventre ou l'écrasement des orteils avec les talons lors d'une saisie par-derrière sont moins efficaces qu'une attaque des oreilles ou des parties génitales.

• **Coups de coude lors d'une saisie par-derrière :** durant les cours, chaque élève donne une multitude de coups de

•••

LA VRAIE FORCE, LA VRAIE PUISSANCE EST NERVEUSE, PAS MUSCULAIRE. TOUT DÉPEND À NOUVEAU DU DEGRÉ DE VOTRE REFUS, DE VOTRE DÉTERMINATION À NE PAS SUBIR.

•••

coude dans le ventre des instructeurs afin de leur prouver leur inefficacité. Il faut de la précision et de la chance pour parvenir à atteindre le foie, la rate ou les côtes flottantes de l'agresseur. De plus, les différentes couches d'habits empêchent le coude de pénétrer ces points. Jamais une élève n'est parvenue à mettre l'un de mes collaborateurs hors d'état de nuire de cette manière.

• **Écrasement des orteils et du dessus du pied** : ce coup n'est pas très efficace. L'agresseur éprouve également un grand stress, il y a de fortes chances pour qu'il ne réagisse pas à ce type de douleur, il ne la ressentira que plus tard. Certaines personnes se cassent un doigt ou un doigt de pied et ne vont chez le médecin que le lendemain.

Les oreilles et les yeux sont des cibles définitives, il est inutile de tenter d'autres coups moins sûrs.

L'autre avantage de ces cibles est qu'un homme de 100 kg ne résiste pas plus à ces attaques qu'un homme de 50 kg, contrairement à des coups de poing ou de pied au visage, dans le ventre, etc.

Il existe d'autres cibles définitives, mais n'en attaquer « que » deux est suffisant, surtout que les autres cibles définitives ne constituent pas des cibles originelles, car elles doivent être attaquées avec une autre position de la main. En outre, les oreilles, les yeux et également les tibias sont les cibles les plus faciles à atteindre et à détruire.

COUPS AU SOL

Fig. 22

Position au sol

Installez-vous de côté, sur le bassin. Ne vous mettez pas sur les fesses car il est plus difficile de pivoter rapidement lorsque l'agresseur tente de contourner vos jambes afin de vous saisir le haut du corps. Dans cette position vous pouvez pivoter sur votre bassin.
Frappez uniquement devant vous, en piston, nerveusement, avec le dessous du pied.
Frappez ses jambes : tibias, péronés, genoux. Frappez également son visage lorsqu'il se baisse.
Ne frappez pas avec le dessus du pied car, au moment de la prise d'élan, vous lui donnez la possibilité de se placer entre vos jambes. En frappe piston, vous lui opposez toujours votre pied, il n'y a pas de temps mort qu'il peut exploiter.
Restez dans cette position si vous n'avez pas le temps et/ou la rapidité nécessaire vous permettant de vous relever.
Le combat se poursuit au sol si vous n'êtes pas parvenue à lui arracher l'oreille dans votre chute.

Fig. 23

Vous êtes au sol, il s'avance sur vous

Frappez ses genoux et ses tibias. Lorsqu'il s'affaisse, prenez la fuite ou frappez-le encore au visage.
S'il vous saisit la jambe de frappe, dégagez-vous dans un mouvement de retrait nerveux. Ou bien effectuez une rotation de 180° afin de placer votre autre jambe au-dessus de la jambe saisie pour continuer à le frapper.

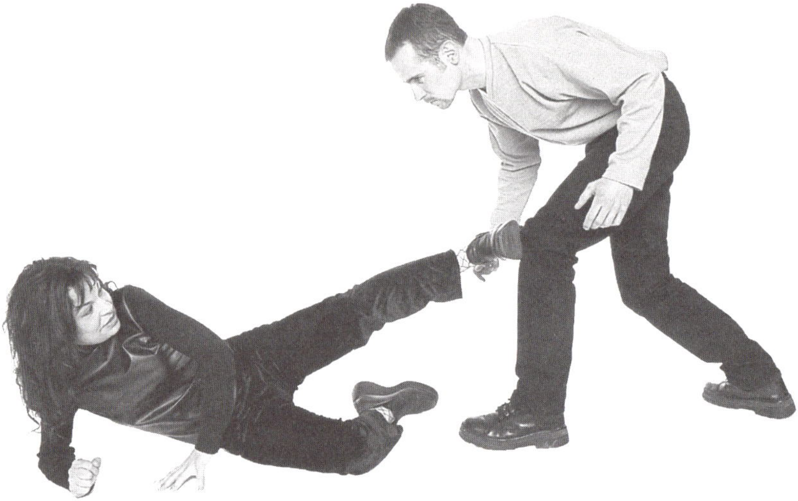

Fig. 24

Frappe nerveuse au visage

Dès que son visage est à portée de votre pied, n'hésitez pas à frapper.

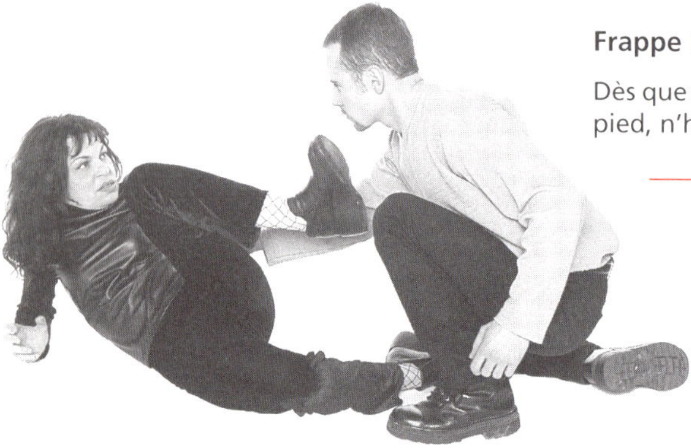

Fig. 25

Il parvient à contourner vos jambes et tente de vous saisir le haut du corps

Frappez avec tous vos doigts ou enfoncez vos pouces dans ses yeux. Vous pouvez également lui arracher les oreilles.

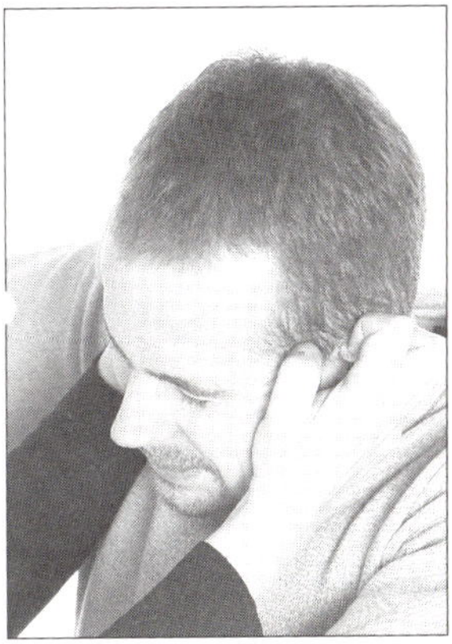

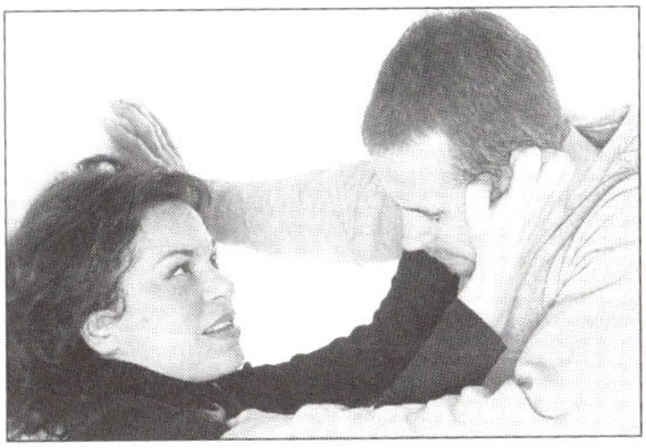

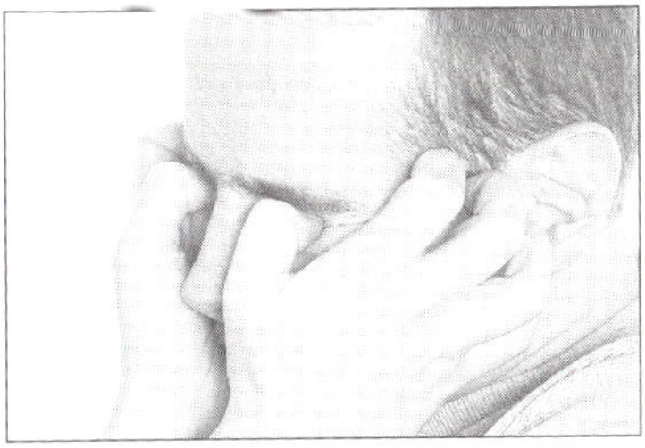

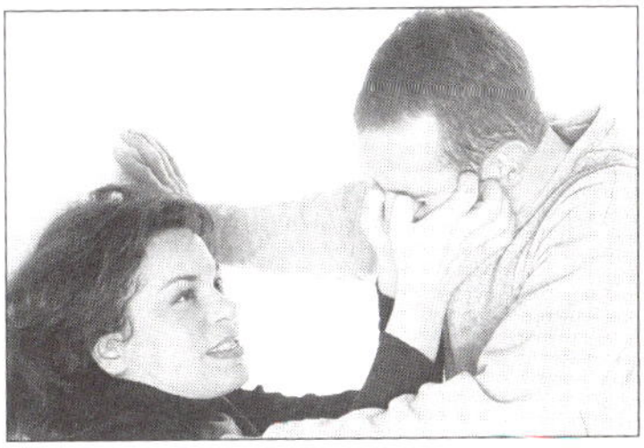

Fig. 26

Étranglement, couchée sur le dos

Il s'agit là d'une figure facile. Pendant que ses mains sont occupées sur votre cou, les vôtres sont donc libres pour lui attaquer les oreilles ou les yeux.

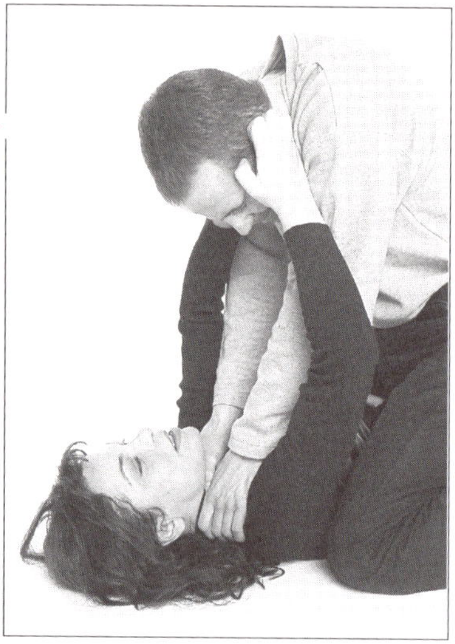

Fig. 27

Il est à genoux au-dessus de vous et immobilise vos bras

Dans cette position, vous ne pouvez pas l'éjecter avec votre bassin car celui de votre agresseur est trop haut et il n'est pas entre vos jambes.

Malgré sa force et le poids de son corps vous avez la possibilité de vous dégager en vous débattant nerveusement.

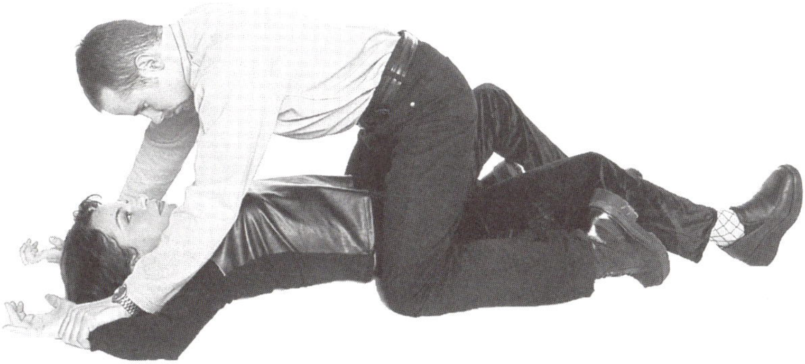

Fig. 28

Il y a encore plus simple : il ne va pas rester comme cela immobile et va lui-même vous libérer une main afin de vous caresser, de vous déshabiller ou de se déshabiller, etc. et dès que vous avez une main libre, arrachez-lui l'oreille ou attaquez ses yeux.

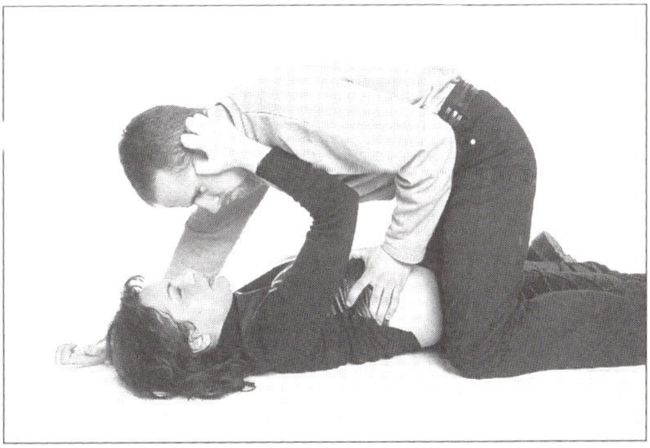

Fig. 29

Il vous bloque les bras, couché entre vos jambes

Dans cette position, il ne peut s'aider du poids de son corps pour immobiliser vos bras, vous pouvez donc vous dégager nerveusement plus facilement et, à nouveau, attaquer ses yeux ou ses oreilles. Vous pouvez également à nouveau « attendre » qu'il vous libère un bras afin de vous caresser, de tenter de vous déshabiller ou de se déshabiller.
S'il tente de vous embrasser au visage ou dans le cou, mordez-le!
Mordez et arrachez ses lèvres, joues, pommettes, oreilles, nez, langue, cou, etc.

Une autre possibilité est l'éjection à l'aide de votre bassin et de vos quadriceps (muscles des cuisses), ceci quel que soit son poids : ramenez un talon (ou les deux) à la hauteur des fesses…

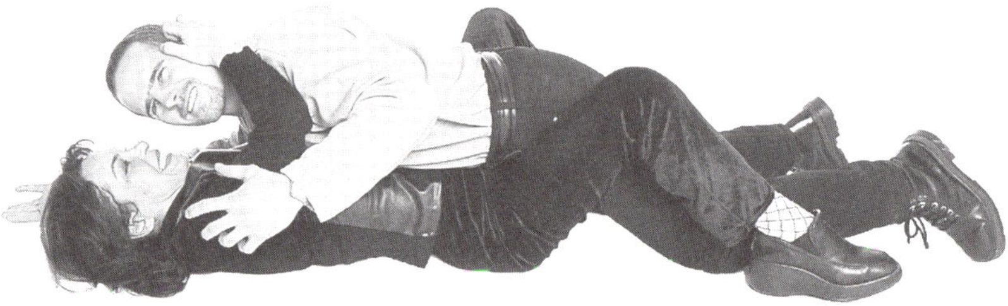

Fig. 30

… et éjectez-le de côté, dans un mouvement nerveux du bassin et des quadriceps. Dans sa « chute », il vous libérera automatiquement au moins une main. Poursuivez votre mouvement en vous ruant sur les mêmes cibles, les oreilles ou les yeux.

Fig. 31

S'il se retrouve après éjection à trop grande distance de vos mains, frappez-lui le visage avec les pieds. Ramenez vos genoux à la poitrine pour ensuite le frapper avec un maximum d'agressivité.

Dès que possible, prenez la fuite.

Tous ces coups et applications décrits concernent également les hommes. Debout comme au sol, je me bats de cette manière. Il n'y a pas une méthode pour les femmes et une autre pour les hommes. Les animaux, mâles ou femelles, combattent de la même manière.

FACE À UNE ARME

Il ne faut pas trop fabuler sur les armes (couteaux, seringues, pistolets, etc.) car là également nous sommes trop influencés par la télévision et le cinéma. Un réalisateur, soucieux de susciter de l'émotion, inclut souvent des armes dans les scènes d'agression. Dans la réalité, les agresseurs ne sont pas aussi souvent armés. De plus, face à une femme, dans la plupart des cas, les agresseurs ne s'arment pas car ils se croient plus forts.
Face à un couteau, il ne faut pas avoir peur d'être coupé… Qu'il soit armé ou non, si on ne peut pas fuir, il faut aller contre l'agresseur.

PLUS QUE JAMAIS, FACE À UNE ARME, VOTRE DÉTERMINATION À NE PAS SUBIR, VOTRE MENTALITÉ PRÉDATRICE FAIT LA DIFFÉRENCE.

Si le but de votre agresseur est de vous voler, obtempérez. Agissez de même face à un agresseur non armé. Il ne faut prendre de risques que pour protéger votre intégrité physique.

Quoi qu'il en soit, en état de refus absolu ou en état reptilien, vous ne craindrez pas son arme lorsque vous l'attaquerez. Dans l'un ou l'autre de ces états, votre esprit est focalisé sur ce qui va être infligé à l'agresseur. Votre corps et votre esprit deviennent une machine de combat, l'agresseur n'est rien, l'agresseur ne peut rien. Vous serez peut-être blessée mais vous aurez empêché votre agresseur de vous nuire plus gravement.

Si vous n'avez pas réagi assez vite et que vous vous retrouvez, lors d'une agression sexuelle, avec un couteau sous la gorge (situation rare) vous n'avez momentanément pas d'autre choix que d'obtempérer. Souvenez-vous alors que votre agresseur est encore plus minable et faible qu'un agresseur non armé : il doute de sa capacité à vous maîtriser…

Une fois qu'il vous aura fait vous allonger ou vous mettre à genoux pour une fellation, il se concentrera davantage sur son plaisir que sur le fait de devoir vous maîtriser. À ce moment, il déposera certainement son arme afin de vous déshabiller ou de vous caresser. S'il ne le fait pas, vous aurez tout de même à un moment ou à un autre la possibilité de le frapper car son attention sera moins portée sur la maîtrise de sa victime que sur la suite de l'agression. S'il ne dépose pas son arme, vous n'avez pas d'autre choix que de prendre le risque d'être coupée au moment où vous décidez de le frapper. Ne subissez pas, réagissez !

La règle générale concernant les agresseurs armés est que ceux qui montrent leur arme ne comptent pas s'en servir pour blesser ou tuer leur victime mais plutôt pour l'intimider. Les assassins et les personnes dont le but est de blesser leur victime ne montrent leur arme qu'au moment de frapper. Ce sont donc le plus souvent les hommes qui sont victimes d'agressions à armes blanches ou armes à feu, pas les femmes. Les bagarres et les règlements de comptes concernent dans la grande majorité des cas les hommes entre eux.

La deuxième raison pour laquelle les femmes sont moins concernées par des agressions armées est le fait que la plupart des hommes se sentent plus forts que les femmes et pensent pouvoir disposer de leur victime sans avoir à recourir à une arme. À tort.

11 Applications en voiture

VOTRE VOITURE, UNE ARME FORMIDABLE

Une voiture permet d'évacuer la zone de danger très rapidement et possède un klaxon qui, comme une alarme portative, met en fuite la majorité des agresseurs.
Mais malheureusement, ces deux armes sont trop peu utilisées par les personnes en danger car, sous l'effet du stress, ces dernières perdent leurs capacités mentales et ne pensent pas à les utiliser…

Klaxon

Vous êtes à l'arrêt dans votre véhicule et votre agresseur tente d'ouvrir votre portière que vous aviez pris soin de verrouiller. Dans la majorité des cas, le simple fait de klaxonner continuellement (tout comme dissuader verbalement et/ou actionner une alarme portative) permet de faire fuir l'agresseur. Il(s) prendra(ont) la fuite de peur que du secours arrive ou parce qu'il(s) sait (savent) qu'il y a d'autres cibles plus faciles, moins déterminées à ne pas subir.

Moteur

Si vous êtes en danger, il suffit de rouler, d'évacuer la zone de danger. Ceci même si vous contrevenez aux règles de la circulation (monter sur un trottoir, passer au feu rouge, prendre un sens interdit, etc.).
Le fait de mettre son corps ou un véhicule devant le capot d'un autre véhicule est une agression. Vous pouvez évidemment défoncer le véhicule adverse ou prendre le risque de blesser votre agresseur avec votre véhicule afin d'évacuer la zone de danger. La seule restriction est que votre réaction soit proportionnée à l'attaque (Art. 122-5 et 122-7 du Code pénal) :

- Si un ivrogne se couche sur votre capot parce qu'il a perdu l'équilibre, klaxonnez ou faites marche arrière.
- Si un individu seul se met devant votre capot pour vous « immobiliser », roulez en marche avant sans tenter de l'écraser.
- Si on bloque votre véhicule avec un autre véhicule, tentez d'avancer latéralement ou en marche arrière ou défoncez le véhicule adverse en marche avant.
- Si un individu se met devant vous pour vous empêcher de rouler pendant que son comparse tente d'ouvrir votre portière, avancez sur le premier, démarrez en marche avant sans ménagement.

Afin de protéger votre intégrité, il n'est pas illégal de causer des dommages matériels à des tiers non responsables de la situation.

COUPS À L'INTÉRIEUR D'UN VÉHICULE

Vous connaissez la personne que vous laissez monter dans votre véhicule ou dans celui de laquelle vous montez. C'est la raison pour laquelle les agressions dans un véhicule sont le plus souvent à caractère sexuel. Souvenez-vous que la très large majorité des agresseurs sexuels sont connus de leur victime. Ils sont des connaissances, amis ou membres de la famille...

Dans un véhicule, assise aux places avant, vous ne pouvez pas utiliser vos jambes. Les coups définitifs sont à nouveau l'arrachage de l'oreille ou l'enfoncement de vos doigts dans les yeux de l'agresseur. Une agression dans un véhicule est encore plus stressante car la victime se sent d'autant plus prisonnière de son agresseur.

- Une agression dans un véhicule est particulièrement terrifiante car la victime est enfermée avec son agresseur. La voiture est un endroit exigu qui rend l'agression encore plus oppressante.
- Si vous n'avez pas au préalable blessé votre agresseur, la fuite est quasiment impossible car il pourra facilement vous retenir, vous empêcher d'ouvrir la porte, de sortir vos jambes. Certains véhicules ont de plus le désavantage que le verrouillage central ne soit actionnable que depuis la place du conducteur.

- La victime a l'impression que, de toute manière, personne ne pourra lui venir en aide, que personne ne peut entendre ses cris. Elle se sent comme coupée du monde.

Lorsque l'agression se déroule sur la banquette arrière, la victime a la possibilité d'utiliser ses jambes. Cependant, les dossiers des sièges et l'exiguïté de l'habitacle restreignent les mouvements. Plus que jamais, il faut frapper nerveusement car il n'y a pas de possibilité de prise d'élan. Coincez votre agresseur contre les vitres latérales et rouez-le de coups de pieds. Il faut vous déchaîner. Vous ne devez jamais abandonner. Jamais ! Les hommes ne sont pas des surhommes. À force de combattre, de vous débattre, vous le(s) fatiguez et découragez également. Il(s) peut(peuvent) à tout moment abandonner.
Tant que votre (vos) agresseur(s) n'abandonne(nt) pas, vous n'avez pas d'autre choix que de combattre.

DÈS QU'UNE OREILLE, UN ŒIL, UNE LÈVRE OU AUTRE EST À VOTRE PORTÉE, VOUS DEVEZ LE (LA) DÉTRUIRE !

Les coups que vous devez donner lorsque vous vous trouvez dans votre véhicule sont les mêmes que ceux décrits dans le chapitre *Applications et coups*. Frapper nerveusement est d'autant plus important car à l'intérieur de l'habitacle vous n'avez que très peu de place pour effectuer les frappes.

L'agression est le plus souvent progressive : cela commence par des paroles, une caresse dans les cheveux, une main sur la cuisse, etc.

Il faut immédiatement réagir, tout d'abord par la parole. Parlez fort, très fermement et repoussez sa main.

Si vous êtes la conductrice et si vous êtes en train de rouler, vous ne pouvez pas vous concentrer sur la route et en même temps réagir contre votre agresseur. Il faut rapidement stopper votre véhicule, si possible près d'autres personnes (arrêt de bus, station-service, etc.).

Il ne faut pas que votre étonnement de vous retrouver dans une pareille situation face à quelqu'un que vous connaissez l'emporte sur votre détermination à ne pas subir. Vous devez être prête à blesser votre agresseur si la dissuasion verbale n'a pas produit l'effet escompté.

Les victimes d'agresseurs qu'elles « connaissent » ont très souvent le tort de ne pas réagir assez vite et assez durement. Elles espèrent trop longtemps que leur agresseur va se ressaisir et « se rendre compte de l'erreur qu'il est en train de commettre ».

Non ! Vous n'avez rien à espérer de votre agresseur. La seule chose à espérer est que votre refus de subir soit total. Il faut rapidement voir les choses en face, les accepter et réagir immédiatement.

Il faut que vous soyez mentalement prête à frapper (blesser) également une personne que vous croyiez connaître. Pensez-y aujourd'hui, visualisez une situation. Il est déjà difficile d'oser frapper un inconnu, d'accepter le fait d'être dans l'obligation de le blesser pour ne pas être victime. Il est donc encore plus dur d'y parvenir face à une personne de votre entourage.

Fig. 32

Assise à l'avant

Frappe nerveuse dans les yeux avec la patte du félin ou enfoncement des pouces dans les yeux (position de la main en patte du félin également).

Fig. 33

Vous avez également à nouveau la possibilité de lui arracher une oreille. Le poids de l'agresseur, le siège, la portière, le volant, restreignent vos mouvements mais il faut absolument parvenir à monter une de vos mains à la hauteur de son visage. Il faut vous débattre, refuser à tout prix de subir, vous dégager un bras, forcer le passage, atteindre votre cible. L'autre possibilité est de lui mordre l'oreille, le cou, les lèvres, le menton, les pommettes, les arcades, le nez, etc. Mordez et arrachez.

Fig. 34

Si votre instinct vous dit qu'un coup plus doux pourrait être suffisant pour stopper votre agresseur, frappez-le de la paume de la main sur le nez ou sous le menton.

Fig. 35

Évacuation

Si vous ne blessez pas suffisamment votre agresseur, vous n'aurez pas la possibilité de descendre du véhicule. Ouvrir la portière (parfois en devant la déverrouiller au préalable), sortir vos jambes et vous lever demande trop de temps... Votre agresseur peut en profiter pour vous tirer en arrière.
En outre, le fait de l'avoir frappé et de tenter de fuir rend l'agresseur encore plus mauvais. Il pourrait alors vous frapper plutôt que tenter seulement de vous immobiliser.

Fig. 36

Sur les sièges arrière

Frappes avec les pieds, en piston. Les frappes au visage sont évidemment les plus efficaces mais s'il est trop près de vous, vous devez tout d'abord le frapper/ repousser au niveau du torse...

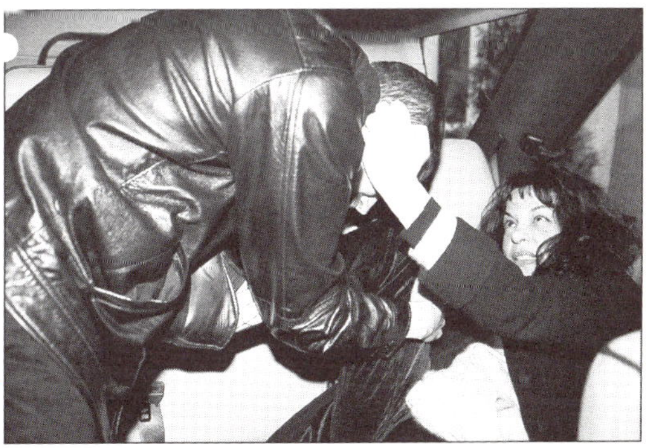

Fig. 37

... pour ensuite avoir la possibilité d'atteindre son visage. Vous devez frapper plusieurs fois et ne vous arrêter que lorsque vous êtes sûre de l'avoir mis hors de combat et d'avoir le temps de sortir du véhicule pour prendre la fuite.

Lors d'une véritable agression, la première difficulté est d'oser blesser l'agresseur. L'étape suivante est d'oser continuer, de frapper encore et sans hésitation jusqu'à ce que vous soyez sûre d'avoir mis votre agresseur hors d'état de nuire. Sans un grand respect de votre personne, il n'y a aucune chance que vous parveniez à franchir ces deux étapes. Votre entraînement est donc avant tout mental : le développement du respect de votre personne.

Lorsqu'ils reçoivent des coups, certains agresseurs supplient leur « victime » d'arrêter de les frapper, ils peuvent également se mettre à pleurer. Il ne faut pas faiblir à ce moment, il ne faut avoir aucune pitié. Vous ne pouvez aucunement avoir confiance en ce qu'il dit. Vous devez continuer à frapper jusqu'à ce que votre agresseur soit inconscient et/ou véritablement blessé.

Fig. 38

Sur les sièges arrière, tout comme au sol, s'il est parvenu à s'allonger sur vous, attaquez ses oreilles ou ses yeux.

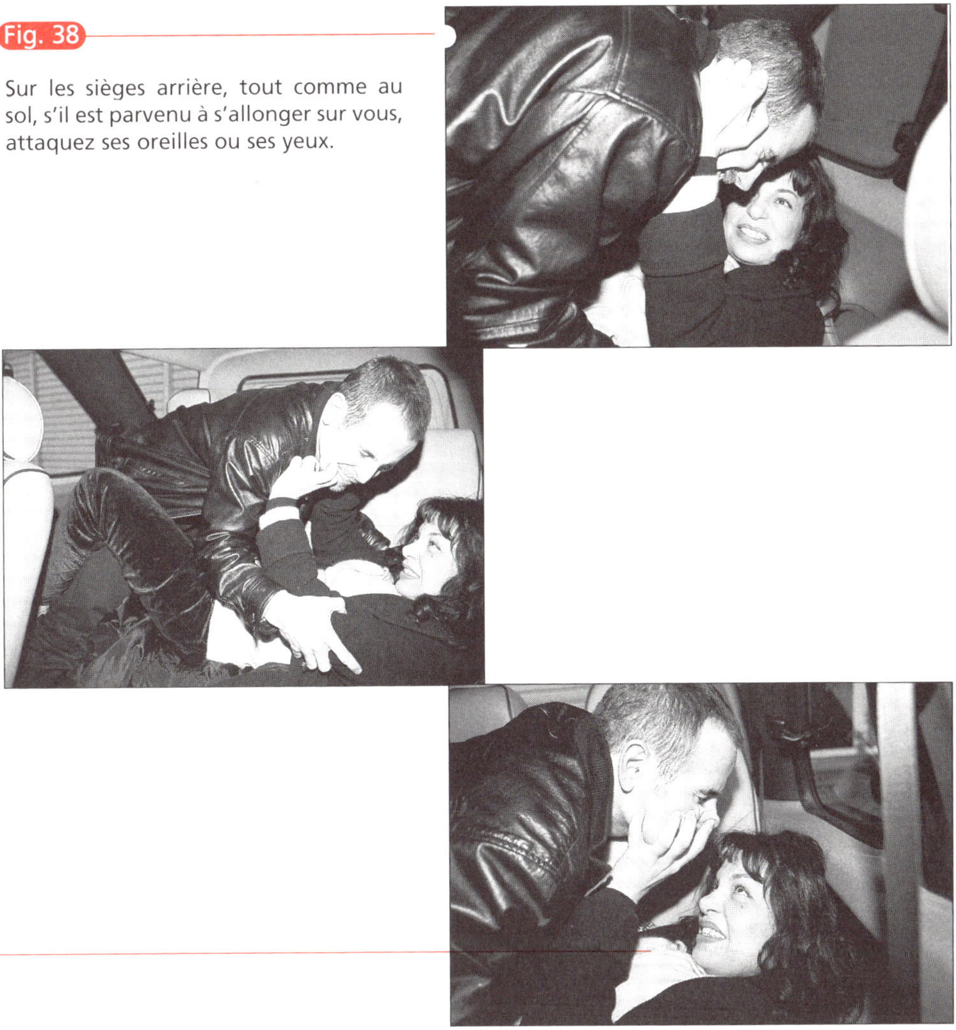

N'hésitez pas non plus à le mordre s'il approche son visage ou s'il tente de vous embrasser. L'arrachement de sa lèvre inférieure, d'un morceau de son nez ou autre partie de son visage sont des coups très efficaces.

Vous pouvez également saisir sa lèvre inférieure ou sa joue (depuis l'intérieur de la bouche en y introduisant deux ou trois doigts) et déchirer plusieurs centimètres de peau en tirant violemment.

Une autre possibilité est de mettre un de vos doigts dans l'une de ses narines (ou tous vos doigts dans ses deux narines) et pousser violemment, nerveusement vers le haut : cela lui déchirera le nez. Ces deux coups sont du Survival originel car ils sont donnés avec la patte du félin.

Fig. 39

Lorsque vous montez dans votre véhicule

Vous êtes à ce moment particulièrement vulnérable car votre agresseur peut arriver dans votre dos. Dans la très grande majorité des cas, que votre agresseur cherche à voler ou à commettre une agression sexuelle, il ne va le plus souvent pas vous frapper mais tenter de vous immobiliser (saisies des épaules, de la taille, étranglements, etc.).

Fig. 40

Votre première possibilité est de vous retourner dans un mouvement nerveux afin de lui faire face et d'attaquer ses oreilles, ses yeux ou ses tibias.

S'il vous étrangle par-derrière ou vous saisit à la taille, attaquez ses oreilles ou ses parties génitales. Concernant l'attaque de ces dernières, vous avez le choix entre une saisie nerveuse pour effectuer un écrasement en une fraction de seconde ou une frappe nerveuse, également avec la patte du félin.

Fig. 41

Mordre et arracher. Le Survival n'est pas un sport.

LE SURVIVAL, C'EST NE JAMAIS ABANDONNER !
SI VOUS ABANDONNEZ, VOTRE VIE SERA BRISÉE.
ET VOUS EN SEREZ EN PARTIE RESPONSABLE
CAR VOUS AUREZ ABANDONNÉ. VOUS NE DEVEZ JAMAIS ABANDONNER !

N'oubliez jamais : quel que soit votre agresseur, il est faible. C'est la faiblesse qui rend méchant. Il peut faire 1,90 m et peser 100 kg, il est plus faible que vous. Ils sont plusieurs ? Ils sont plus faibles que vous ! Vous vous respectez, vous êtes libre et déterminée, vous vaincrez. Ne tolérez jamais que l'on dispose de vous !

RÉSUMÉ DE LA DÉFENSE PERSONNELLE

Deux points importants

- Les hommes se croient plus forts que les femmes, votre agresseur ne pense donc pas qu'il devra se battre contre vous (ou fuir). Vous avez donc l'avantage de la surprise de la riposte et l'avantage que l'agresseur, au début de son action, ne cherche pas à se protéger, il « s'offre » à vos coups.
- Votre agresseur ne se plonge pas en état de refus absolu et encore moins en état reptilien, ses capacités maximales de combattant ne sont donc pas activées, contrairement aux vôtres.

Résumé des 5 étapes de la défense personnelle

❶ Prévention

- Bon sens et réalisme

---

❷ Dissuasion comportementale

- Bien dans sa tête, respectée, fière et déterminée

---

❸ Dissuasion verbale

- Refus (« Non ! Pars ! »)

---

❹ Coups « doux »

- Vos armes
  Mains
  Pieds
- Vos cibles
  Nez, menton
  Tibia

Votre état d'esprit

Vous restez « réfléchie » car votre voix intérieure vous dit que la situation n'est pas dramatique

---

❺ Coups de Survival

Vos armes	Vos cibles
Mains	Oreilles, yeux, parties génitales
Pieds	Tibia, genoux, tête
Tête	Nez, mâchoire, dents
Dents	lèvres, nez, oreilles, pommettes, joues, cou, parties génitales

Votre état d'esprit

Vous êtes « passée de l'autre côté », en état de refus absolu ou en état reptilien

Conclusion

Ne dit-on pas que la nature fait bien les choses ? Cela n'est jamais aussi vrai que lorsque l'on observe l'unique méthode de combat des animaux. Alors cessons de nous référer, lorsque nous parlons de défense, aux arts martiaux et aux sports de combat. Ils sont aux antipodes de ce que la nature et les animaux nous montrent. Il faut redéfinir l'idée que nous nous faisons de la manière véritablement correcte de combattre pour protéger notre intégrité.

Au niveau de la défense personnelle, l'homme d'aujourd'hui ne vaut pas le dernier des chiens ou des rats. Il est un sous-animal car il a perdu la capacité de combattre instinctivement. Face à un agresseur, lorsque la fuite n'est pas possible et que la confrontation devient physique, il ne faut laisser aucune place à notre intellect. La meilleure réponse à opposer est de nous plonger en état de « non-réflexion », état de refus absolu ou état reptilien.

Dans le domaine de la défense tout est déjà parfaitement établi par la nature. Il n'y a rien à créer! Aucun art martial, aucun sport de combat ne nous permettra jamais d'égaler les qualités de combattant que chaque être humain a en lui, logées dans son premier cerveau, le fantastique cerveau reptilien. La méthode humaine originelle de combat ne souffre aucune comparaison. Le cerveau humain actuel (le troisième cerveau) n'est pas adapté pour le combat. Il faut que nous utilisions nos mains comme les animaux utilisent leurs pattes et leur gueule. Les animaux n'ont pas de techniques de combat. Il n'y a que l'homme qui soit assez idiot pour en inventer et croire qu'il pourra ensuite les appliquer dans une situation réelle.

Tout comme les animaux, nous n'avons pas à apprendre comment combattre efficacement. Toutes ces informations sont déjà en nous. Ce qu'il faut, c'est laisser à la bête qui est en nous la possibilité de s'exprimer. Voilà pourquoi il ne faut pas en plus s'encombrer la tête avec des techniques qui nous obligent à réfléchir. Les animaux ne réfléchissent pas, ils agissent. Il ne faut pas réfléchir à la manière de frapper, il faut frapper !

Le combat de survie est composé d'un petit nombre de coups « bruts », faciles à réaliser afin qu'une exécution correcte et efficace puisse se faire en situation de danger. Le Survival a une approche réaliste et scientifique du combat, il n'a pas une approche esthétique, sportive ou « gentille » ! Les meilleurs coups de Survival, les coups originels, se donnent tous avec la même position de la main : la patte du félin. La simplicité est un des élément clés de l'efficacité. La nature l'a bien compris.

C'est la construction de votre influx, de votre force de caractère qui vous permettra de réagir avec violence et détermination. Plus vous aurez de respect envers vous-même, plus vous serez à l'abri car plus vous vous estimerez et plus vous trouverez intolérable la moindre ingérence physique et/ou mentale et par conséquent vous réagirez avec suffisamment de détermination.

LE REFUS ABSOLU DE SUBIR EST LA CLÉ DE LA DÉFENSE PERSONNELLE.

Cet état d'esprit se construit chaque jour, chaque fois que vous devez ou devriez vous imposer dans la vie de tous les jours. Encore une fois, le respect que vous accordez aux autres doit vous être rendu. Il faut être très vigilante et se battre tous les jours. C'est cela qui vous permettra de vous plonger en état de refus absolu, qui construira votre victoire face à un ou plusieurs agresseurs. C'est la construction de votre force de caractère, du respect de votre personne, qui vous permettra de transcender la peur, de ne pas subir le stress, de ne pas ressentir la douleur (sur le coup), de n'avoir aucun scrupule, d'opposer des coups explosifs (nerveux), de détruire la cible et d'avoir, peut-être, la capacité de passer en mode reptilien.

Le sujet principal de ce manuel était notre instinct.

NOTRE INSTINCT EST UN GARDE-FOU, UN AMI. ÉCOUTEZ-LE !

Si vous avez l'impression qu'un danger vous guette, si vous ne « sentez » pas la personne avec laquelle vous vous trouvez, n'essayez pas de vous convaincre du contraire en disant à votre voix intérieure que tout va bien, mais réagissez immédiatement.

VOTRE INSTINCT NE VOUS MENT JAMAIS ! IL EST FIABLE, CONTRAIREMENT À VOS GENTILLES ANALYSES INTELLECTUELLES. PRENEZ LA FUITE IMMÉDIATEMENT OU BLESSEZ GRAVEMENT !

Les recherches concernant les effets très négatifs de l'augmentation du rythme cardiaque sur nos capacités motrices et intellectuelles ont commencé dans les années 30. Elles se sont poursuivies dans les années 60 avec le colonel Applegate qui a toujours milité contre la position de tir Weaver. Comme je l'ai dit, les principes scientifiques s'appliquant au tir de combat sont les mêmes que ceux s'appliquant au combat à mains nues ou à armes blanches.

Ces hommes réalistes sont arrivés à ces conclusions grâce à leur bon sens, leur expérience du combat de rue, aux expériences scientifiques réalisées, à l'analyse des statistiques et des reconstitutions des réactions sous stress des protagonistes de fusillades et de combats à mains nues...

Tant d'études et d'analyses, alors que la nature, depuis la nuit des temps, nous montre la vérité : l'unique méthode de combat des animaux qui ne font rien d'autre que laisser agir leur instinct, comme le faisaient les premiers hommes. La réponse est dans notre nature profonde.

Je suis d'une corpulence moyenne : 64 kg pour 1,74 m. Pourtant, je ne crains pas les gros gabarits que je rencontre dans le cadre de mes activités professionnelles. Une fois encore, j'insiste : l'issue d'une confrontation réelle ne dépend pas de notre force musculaire et de notre poids. Elle dépend uniquement de notre détermination à ne pas subir et à donner des coups vicieux et réalistes. Elle dépend de notre capacité à parvenir à nous plonger dans cet état de grâce, l'état de refus absolu ou, stade ultime, l'état reptilien. Le pont vous permettant d'atteindre ces états se construit chaque jour, à travers le respect que vous portez à votre personne.

J'espère que ce livre apportera de l'influx et de la confiance à celles (et ceux) qui doutent de leur formidable capacité à préserver leur intégrité en cas d'attaque. La réponse est en nous tous. À nous d'aller la chercher, à nous d'aller réveiller notre animal-gardien.

Lexique

Combat à mains nues

Dim-Mak : le Dim-Mak est la partie dure et méconnue du taijiquan (ou taiji, t'ai chi). Un certain Chang inventa le taiji dans la Chine d'avant J.-C. Il s'agit d'un ensemble de frappes neurologiques attaquant le système nerveux. C'est un art d'une efficacité foudroyante mais compliqué car il demande beaucoup de précision, des angles de frappe et des pressions différentes selon les points visés. Le Dim-Mak est très peu enseigné, il ne reste plus aujourd'hui que le taiji « version douce », sorte de gymnastique lente qui n'a rien de comparable au taiji de Chang.

Fa-jing : énergie explosive. C'est la manière nerveuse et électrique de frapper enseignée en Dim-Mak.

San Soo : forme de kung fu beaucoup plus proche des applications de street-fighting que du kung fu traditionnel.

Patte du félin : position de la main pour les frappes dans les yeux, les arrachements d'oreilles, les saisies ou les frappes des parties génitales. Position humaine originelle de la main lors de combats.

Street-fighting : combat de rue. Ce terme ne désigne pas une méthode de combat, c'est un terme général censé regrouper les coups et applications efficaces (faciles à exécuter et qui blessent) dans la rue (situation réelle).

Clés : techniques de saisies et d'immobilisations des articulations (clés de poignet, coude, genoux, doigts, nuque).

Katas : mot Japonais pour désigner des enchaînements de mouvements codifiés, des exercices pour la pureté des gestes.

Tir

Processus cognitifs : processus par lesquels les êtres vivants acquièrent les informations sur leur environnement : vue, ouïe, goût, odorat, toucher.

Position Weaver : position de tir de précision. Position asymétrique du haut et du bas du corps.

Position Isocèle : position de tir de combat. Position symétrique pouvant être prise plus rapidement que la position Weaver et par conséquent permettre un tir plus rapide.

Dérangements : les différents défauts de fonctionnement de l'arme, de la munition (culasse bloquée, double alimentation, défaut d'éjection, défaut de percussion). Également l'erreur humaine : arme non chambrée, etc.

Bibliographie

Dr B.K. Siddle, *Sharpening the Warrior's Edge*, USA, PPCT Research Publications, 1995.

Cel R. Applegate, *Kill or Get Killed*, USA, Paladin Press, 1943.

Dr E. Mc Givern, *Fast and Fancy Revolver Shooting*, USA, New Win Publishing, 1932.

Dr G. de Becker, *The Gift of Fear*, Canada, Little, Brown & Company, 1997 ; *La Peur qui vous sauve*, France, J.-C. Lattès, 1998.

Table des matières

Imprimé en France
ISBN : 2-84098-781-3
LAF 304

Achevé d'imprimer le 4 mars 2002
sur les presses de l'imprimerie «La Source d'Or»
63200 Marsat
Dépôt légal : mars 2002
Imprimeur n° 8940